İLİŞKİ ÜZERİNE

ON RELATIONSHIP

J. Krishnamurti

İlişki Üzerine

J. Krishnamurti

AYNA
yayınevi

ayna yayınevi: 7
felsefe dizisi: 4
ısbn 975-8297-04-X

kasım 1999, istanbul, 1. basım
eylül 2000, istanbul, 2. basım
ocak 2003, istanbul, 3. basım
kasım 2004, istanbul, 4. basım

Kitabın Özgün Adı:
On Relationship/J. Krishnamurti
Çeviren:
Nedime Volkan

Dizgi:
Ş. Nurdan Tunca
Yayıma Hazırlayanlar:
Nurgül Demirdöven/Deniz Demirdöven
İç Düzen:
Ahmet Y. Özbilen
Kapak Tasarım:
Murat Efe
İç ve Kapak Baskı:
Kurtiş Matbaacılık Topkapı-İstanbul
Tel: (212) 613 68 94 (pbx)
Cilt:
Güven Mücellithanesi
Ayna Yayınevi
Cağaloğlu Yokuşu Edes Han No: 40 Kat: 2
Cağaloğlu - İstanbul
Tel: (212) 513 80 19 ***Faks:*** (212) 513 81 09
E-Posta: ayna@aynayayinevi.com

Sorun dünya değil, sizin bir başkasıyla olan ilişkinizdir, sorunu yaratan da budur, kapsamı genişleyen sorun da dünya sorununa dönüşür.

Colombo, 25 Aralık 1949

İçindekiler

Önsöz

1895 yılında Hindistan'da doğan Jiddu Krishnamurti, on üç yaşındayken Theosophical Society tarafından geleceği ilan edilen *"dünya öğretmeni"* olarak seçildi. Krishnamurti kısa zaman içinde *güçlü, ödün vermeyen* ve *sınıflandırılamayan* bir öğretmen olarak ortaya çıktı. Konuşmaları ve yazıları herhangi bir özel dinle bağıntılı değildi. Ne Doğu'ya ne de Batı'ya, ama bütün dünyaya aitti. 1929 yılında kendisine yakıştırılan mesihlik imgesini büyük bir kararlılıkla yadsıdı. Çevresinde oluşturulmuş geniş ve zengin örgütü açık bir biçimde dağıttı. Hakikatin, *yolları olmayan bir ülke* olduğunu ve ona herhangi bir biçimsel din, felsefe ya da tarikat aracılığıyla yaklaşılamayacağını açıkladı.

Yaşamının kalan bölümünde Krishnamurti, başkalarının kendisine kabul ettirmeye çalıştıkları *guru statüsüne* ısrarlı bir biçimde karşı çıktı. Bütün dünyada geniş dinleyici topluluklarını cezbetmeyi sürdürdü. Fakat *hiçbir yetke iddia etmedi, kimsenin müridi olmasını arzulamadı* ve her zaman *bir birey ile bir başka birey olarak* konuşmayı yeğledi. Öğretisinin kalbinde bulunan şey ise, toplumda gerçekleşecek bir köklü değişimin ancak *bireysel bilinçlilikte bir dönüşüm* ile olanaklı olduğuydu. Kendini bilmeye duyulan gereksinim ile *dinsel ve milliyetçi koşullanmaların bölücü tesirlerinin sınırlayıcı, ayırıcı etkilerinin* anlaşılmasını vurguladı. Krishnamurti her zaman, *içinde hayal bile edilemeyecek ka-*

dar büyük bir enerji barındıran beynin içindeki geniş uzay için açıklığın ivedi gereksinimini gösterdi. Bu ise insanın kendisindeki yaratıcılığın birdenbire bir yay gibi fırlayarak ortaya çıkmasının ve yavaş yavaş etki eden bir ilaç gibi halkın geniş bir bölümünü etkilemesinin anahtarıydı.

Krishnamurti, 1986'da doksan yaşında ölene kadar dünyanın her yerinde konuşmalarını sürdürdü. Konuşmaları, söyleşileri, gazete yazıları ve mektupları altmışın üzerinde kitapta ve yüzlerce kayıtta toplandı. Öğretilerinin bu geniş bedeninden, konularına göre sınıflandırılmış bu kitaplar düzenlendi. Her kitap bizim günlük yaşamımız içindeki önceliğine göre odaklanarak oluşturuldu.

Ojai, 16 Haziran 1940

Çoğumuz için bir başkasıyla ilişki, ister ekonomik ister psişik olsun, bağımlılığa dayanır. Bu bağımlılık korku yaratır, içimize sahiplenme tohumları atar, sonunda da sürtüşmeye, kuşkuya, düş kırıklığına neden olur. Bir başkasına ekonomik açıdan bağımlılık yasalarla ve düzgün bir örgütlenmeyle ortadan kaldırılabilir, ama ben özellikle kişisel doyum, mutluluk, vb. için duyulan şiddetli istek sonucunda bir başkasına psişik bağımlılıktan söz ediyorum. Bu sahiplenici ilişkide insan kendini zenginleşmiş, yaratıcı ve etkin hisseder; varlığının o küçücük alevinin bir başkasının varlığıyla arttığını hisseder. Bu eksiksiz olma kaynağını kaybetmemek için insan bir başkasını kaybetmekten korkar, bu yüzden de bütün sahiplenici korkular beraberinde getirdiği sorunlarıyla ortaya çıkar. Öyleyse bu psişik bağımlılık ilişkisinde her zaman kulağa hoş gelen sözcüklerin ardına gizlenmiş bilinçli ya da bilinçsiz korku, kuşku olmak zorundadır. Bu korkunun neden olduğu tepkiyle insan çeşitli kanallardan güvenlik ve gelişme arar, kendini fikirler ve ideallerle soyutlar ya da doyumun yerini alacak şeyler arar.

İnsan bir başkasına bağımlı olsa da, bozulmamış, bütün olma arzusu vardır. İlişkideki karmaşık sorun bağımlılık, sürtüşme, çatışma olmadan nasıl sevileceğidir; kendini soyutlama ve çatışma nedeninden kaçma arzusunun üstesinden nasıl gelineceğidir. Kendi mutluluğumuz için bir başkasına, topluma ya da çevreye bağımlıysak, bunlar bizim için vazgeçilmez olur; onlara tutunuruz, değişiklik yapılmasına da şiddetle karşı çıkarız, çünkü biz psişik güvenliğimiz ve rahatımız için onlara bağımlıyızdır. Zihinsel açıdan yaşamı sürekli değişiklik gerektiren başkalaşım süreci olarak algılasak da, kurulu ve rahatlatıcı değerlere tutunuruz; dolayısıyla değişimle kalıcılık arzusu arasında sürekli bir savaş vardır. Bu çatışmayı bitirebilmek olanaklı mıdır?

Yaşam ilişkisiz olamaz, ama biz onu kişisel ve sahiplenici sevgiye dayandırarak son derece acı verici ve tiksindirici bir hale dönüştürmüşüz. İnsanın sevip de sahiplenmemesi olanaklı mıdır? Gerçek yanıtı kaçışta, ideallerde, inançlarda değil, bağımlılığın ve sahiplenmenin nedenlerini anlayarak bulabilirsiniz. İnsan kendisiyle bir başkası arasındaki ilişkide yaşanan bu sorunu derinlemesine anlayabilirse, toplumla ilişkimizde yaşanan sorunları anlayıp çözebiliriz, çünkü toplum bizlerin uzantısıdır. Toplum adını verdiğimiz çevre geçmiş nesillerce yaratılmıştır; bu toplum bizim açgözlülüğümüzü, sahipleniciliğimizi, yanılsamalarımızı korumamıza yardımcı olur. Bu yanılsamada birlik ya da huzur olamaz. Zorlamayla ve yasalarla getirilecek ekonomik birlik, savaşı sona erdiremez. Bireysel ilişkiyi anlamadığımız sürece huzurlu bir toplumumuz olamaz. İlişkimiz de sahiplenici ilişkiye dayandığından, bu sevginin doğuşunun, nedenlerinin, hareketlerinin farkında olmalıyız. Şiddeti, korkuları, tepkileriyle sahiplenme sürecinin bütünüyle farkına varıldığında, bunun bir bütün, tam olduğu anlaşılır. Bu anlayışın kendisi bile düşünceyi bağımlılıktan ve sahiplenmeden kurtarır. İlişkideki uyum, bir başkasında ya da çevrede değil, insanın kendi içinde bulunabilir.

İlişkide yaşanan sürtüşmelerin temel nedeni insanın 'kendi', ortak arzunun merkezinde bulunan 'kendi'dir. Bir başkasının nasıl hareket ettiğinin değil, her birimizin nasıl hareket ettiği ve tepki verdiğinin birincil önem taşıdığını fark edebilirsek, o tepki ve hareket de kökten, derinden anlaşılabilse, o zaman ilişkide derin ve köklü bir değişim yaşanacaktır. Başkasıyla olan bu ilişkide yalnızca fiziksel sorun değil, her düzeyde düşünce ve duygu sorunları da yaşanır; insan ancak kendi içinde uyumlu olduğunda bir başkasıyla uyumlu olabilir. İlişkide akılda tutulması önemli olan başkası değil, insanın kendisidir; bu da insanın kendini soyutlaması demek değildir, kendi içinde çatışmaya ve sıkıntıya neden olanları derinden anlamasıdır. Dolayısıyla zihinsel ya da duygusal açıdan psişik sağlığımız için bir başkasına bağımlı olduğumuz sürece bu bağımlılık kaçınılmaz olarak korku yaratır, bu da sıkıntıya neden olur.

İlişkinin karmaşıklığını anlayabilmek için dikkat, sabır ve dürüstlük gerekir. İlişki sıkıntının gizli nedenlerinin keşfedildiği kendini açığa vurma sürecidir. Bu kendini açığa vurma da yalnızca ilişkide olanaklıdır.

İlişkinin üzerinde duruyorum, çünkü ilişkinin karmaşıklığı anlaşıldığında usu ve duyguyu aşan bir anlam yaratırız. Anladığımızı yalnızca usa dayandırırsak, o zaman bunun içine soyutlanma, gurur ve sevgisizlik de girer; ilişkimizi yalnızca duyguya dayandıracak olursak, bunun hiçbir derinliği olmaz; kısa zaman içinde uçup gidecek bir duygusallık vardır, sevgi yoktur. Bu anlayıştan da yalnızca hareketin bütünlüğü çıkabilir. Bu anlayış kişisel değildir ve yok edilemez. Artık zamanın buyruğu altında değildir. Her günkü açgözlülük ve ilişki sorunlarından herhangi bir anlayış çıkaramazsak, bilincin öteki alanlarında böylesi bir anlayış ve sevgi aramak cehalet ve yanılsama içinde yaşamak demektir.

Açgözlülük sürecini bütünüyle anlamadan yalnızca kibarlık,

cömertlik tohumları ekmek, cehaleti ve zalimliği sürdürmek demektir. İlişkiyi anlamadan yalnızca şefkat, bağışlayıcılık tohumları ekmek, kendinin soyutlanmasına ve gururun incelikli biçimlerine yönelmesine neden olur. Şiddetli isteği bütünüyle anlamada şefkat, bağışlayıcılık vardır. Ekilip yetiştirilmiş erdemler erdem değildir. Bu anlama, sürekli ve tetikte bir farkındalık gerektirir, esnek ama yorucu bir çaba gerektirir. Kendine özgü bir eğitimle yalnızca denetlemenin de tehlikeleri vardır, çünkü bu tek yönlüdür, eksiktir, dolayısıyla sığdır. İlgi, anlamanın yeşermeye başladığı doğal, kendiliğinden yoğunlaşmayı da beraberinde getirir. Bu ilgi, günlük varoluşun hareketlerini ve tepkilerini gözlemleyerek ve sorgulayarak doğar.

Çatışmaları ve kederleriyle karmaşık yaşam sorununu kavrayabilmek için insan bütünsel bir anlayış geliştirmelidir. Bu da ancak yaşamımızın merkezi kuvveti olan arzulama sürecini derinlemesine anlayarak gerçekleşebilir.

Soran: Kendini açığa vurmak demekle, kendini kendine mi, yoksa başkalarına mı açığa vurmaktan söz ediyorsunuz?

Krishnamurti: İnsanlar çoğunlukla kendilerini başkalarının karşısında açığa vururlar, ama önemli olan nedir, kendini olduğu gibi görebilmek midir, yoksa kendini başkalarının önünde açığa vurmak mıdır? Biz izin verirsek ilişkinin ayna görevi görüp çarpık olanı da düzgün olanı da göstereceğini anlatmaya çalışıyordum. Bu ayna net görebilmemiz için gereken odaklanmayı sağlar, ama daha önce de sözünü ettiğim gibi önyargılarla, sanılarla, inançlarla kör olmuşsak, ilişki ne kadar yakıcı olursa olsun, önyargısız net bir biçimde göremeyiz. O halde ilişki açığa vurma süreci değildir.

Asıl üzerinde durmamız gereken nokta şudur: Gerçeği kavramaktan bizi alıkoyan nedir? Kavrayamıyoruz, çünkü kendimiz, korkularımız, ideallerimiz, inançlarımız, umutlarımız, geleneklerimiz, vb. örtü görevi görüyor. Bu saptırmaların nedenini anlamadan algılananı değiştirmeye ya da ona tutunmaya çalışıyoruz, bu da daha çok direnme ve sıkıntı yaratıyor. Asıl üzerinde durmamız gereken nokta, algılananı değiştirmek ya da kabul etmek değil, bu saptırmayı ortaya çıkaran birçok nedeni kavramaktır. Bazıları farkına varacak zamanları olmadığını, çok meşgul olduklarını, vb. söyleyebilirler, ama bu zamanla değil, ilgilenmeyle ilgilidir. O halde neyle ilgilenirlerse ilgilensinler, bu, farkındalığın ilk adımıdır. İvedi sonuçlar aramak tam anlama olasılığını yok etmektir.

Saanen, 31 Temmuz 1981

Soran: İki insan arasında çatışma ve acıya dayanan bir ilişki yaşanıyorsa, bu sorunu çözebilirler mi, yoksa ilişki bitmeli midir? Sağlıklı bir ilişkinin yaşanması için ikisinin de değişmesi gerekmez mi?

Krishnamurti: Umarım soru yeterince açıktır. İlişkide acının, çatışmanın ve ortaya çıkan bütün sorunların nedeni nedir? Kökeni nedir? Lütfen, bu soruları yanıtlarken birlikte düşünelim. Yalnızca söylediğim biçimde alıp kabul edin ya da karşı çıkın diye yanıt vermiyorum, birlikte bu soruların kökenine inmeye çalışıyoruz. İster Doğu'da, ister burada, Amerika'da olsunlar, bu soru bütün insanları ilgilendiren bir sorudur. Bu, aslında çoğu insanı ilgilendiren bir sorundur. Erkek ve kadın iki insanın, çatışma, acı olmadan, eşitsizlik duygusu, birbirlerine derinden bağlı oldukları duygusu olmadan birlikte yaşayamayacakları bellidir. İnsan neden diye sorar. Birçok nedeni olabilir: cinsiyet, huy, zıt duygular, inanış, hırs. İlişkide böylesi uyumsuzlukların yaşanmasının ardında birçok neden olabilir. Ama bunun asıl kaynağı nedir, bu kaynak ne kadar derine iner ve sonunda aramıza çatışma sokar? Bence sorulacak en önemli soru budur, konuşmacı ya da bir başkasından yanıt almayı beklemeyin; soruyu sorduktan sonra bekleyin, durun, sorunun kök salması, filizlenmesi, hareket etmesi için zaman tanıma sabrını gösterin. Bu duyguyu verebiliyor muyum, bilmiyorum.

Kendime soruyorum, bir kadınla evliysem ya da birlikte yaşıyorsam, aramızdaki bu temel çatışmanın nedeni nedir? Yüzeysel bir yanıt verebilirim; çünkü o Katolik, ben de Protestanım, vb. Bunların hepsi yüzeysel yanıtlardır; oysa ben iki insan arasında yaşanan bu çatışmanın en derinlerdeki köküne, kaynağına inmek istiyorum. Soruyu sordum, şimdi de sorunun filizlenmesini, barındırdığı bütün karmaşayı dışarı vurmasını ve sorunun neleri ortaya çıkaracağını, getireceğini bekliyorum. Bu nedenle, biraz sabırlı olmalı—değil mi?—beklemeli, izlemeli ve farkında olmalıyım ki soru kendini açsın. Soru kendini açtıkça yanıtı anlamaya başlarım. Bir yanıt istediğimden değil, ama sorunun katmanları açılmaya başladıkça bana iki insan arasındaki, belki de birbirini seven, birbirine vurulmuş iki insanoğlu arasındaki olağandışı karmaşıklığı gösterir. Çok gençken cinsel ilişkiye girerler, sonra yaşları biraz büyüyünce birbirlerinden sıkılır ve başka biri aracılığıyla yavaş yavaş sıkıntıdan kaçarlar, boşanırlar, sonrasını da biliyorsunuz. Oysa başkasıyla da aynı sorunu yaşarlar. Öyleyse sabırlı olmalıyım. *Sabır* sözcüğüyle zamanın geçmesine izin vermemekten söz ediyorum. Sabır ve sabırsızlık sorununa hiç girdiniz mi?

Çoğumuz genelde sabırsızızdır. Sorumuza hemen yanıt verilmesini, ondan hemen kaçmayı ya da hemen üzerine gitmeyi isteriz, dolayısıyla üzerine gitmek için sabırsız davranırız. Bu sabırsızlık, insanın sorunun derinlerinde yatanı anlamasını önler. Tersine zamandan bağımsız olarak sabırlı olursam, sorunu sonuçlandırmak istemiyorum, sorunu gözlüyor, izliyor, gelişmesine, büyümesine izin veriyorum demektir. Öyleyse sabrederek yanıtın derinliklerine inmeye başlıyorum. Doğru mu? Şimdi de birlikte yapalım. Sabırlıyız, ivedi bir yanıt istemiyoruz, o halde zihnimiz, beynimiz gözlemlemeye açık, sorunun ve karmaşıklığının farkında. Doğru mu? Deniyoruz—hayır *deneme* sözcüğünü kullanmak istemiyorum—iki insanın neden hiçbir zaman çatışma içinde olmaksızın birlikte yaşayamadığı sorununa giriyoruz. Bu çatışmanın kökeninde yatan nedir? Benim onunla ya da biriyle ilişkim nedir? Bu ilişki yüzeysel midir? Başka deyişle cinsel çekim, merak, heyecan, bunların hepsi yüzeysel, duyumsal tepkilerdir. Doğru mu? Dolayısıyla bu tepkilerin yüzeysel olduğunu anlıyorum, yanıtı yüzeysel olarak bulmaya çalıştığım sürece sorunun derininde yatanı göremeyeceğim. O halde yüzeysel yanıtlardan, yüzeysel yanıtların yarattığı sorunlardan ve bu sorunları yüzeysel olarak çözme girişiminden kurtuldum mu? İzleyebiliyor musunuz?

Yanıtı yüzeysel olarak bulamayacağımı anladım. Öyleyse kökünde ne yattığını soruyorum. Eğitim mi? Erkek olduğum için mi bir başkasına egemen olmak, onu sahiplenmek istiyorum? Gitmesine izin vermek istemeyecek kadar derinden mi bağlandım? Bağlı olmanın, bağlanmanın kaçınılmaz olarak bozulmayı—kıskanç olmam, kaygılı olmam ve korkmam anlamında bozulmayı—getirdiğini de anlıyor muyum? İnsan bağlanmanın sonuçlarını çok iyi bilir. Neden bu mudur? Yoksa nedeni daha da mı derinde yatar? İlk önce yüzeysel dedik, sonra duygusal bağlanma, coşkulu, duygusal ve romantik bağımlılık. Bu kağıtları desteden çıkarırsam, bunlardan daha köklü bir sorun yine de kalır mı? Anlayabiliyor musunuz? Yüzeysel, alttan daha derine, daha derine iniyoruz ki kökenin ne olduğunu anlayabilelim. Böyle yaptığınızı umuyorum.

Peki kökenini nasıl buluyorum? Siz kökenini nasıl buluyorsunuz? Yanıt istiyor musunuz, kökenini bulmak istiyor, bu yüzden de olağanüstü çaba harcıyor musunuz? Ya da beyniniz, zihniniz dinginleşsin diye mi bulmak istiyorsunuz? Zihniniz bakmaktadır, dolayısıyla endişeli değildir; bu arzunun, iradenin yaptığı bir şey değildir. Bu yalnızca izlemedir. Bunu birlikte mi yapıyoruz, yalnızca bu çatışmanın derin kökeninin, derin nedeninin ya da temelinin ne olduğunu anlamak için mi bakıyoruz? Bu, bireysel ayrılık duygusu mudur? Lütfen bu konuya çok dikkatli girin. Temelde diğerinden ayrı olmam bireysel bir kavram mıdır? Biyolojik olarak farklıyız, ama çok derinlerde bireysel ayırıcı hareket duygusu da vardır; kökeni bu mudur? Ya da daha da derin kökü, daha derin katmanı var mıdır—anlıyor musunuz? İzleyebiliyor musunuz merak ediyorum. Bu konuya birlikte girebildik mi? İlk önce duyumsal tepkiler, kösnül tepkiler, sonra coşkulu, romantik, duygusal tepkiler, sonra da beraberinde getirdiği bütün bozulmalarla bağlanma mıdır? Yoksa çok daha derinlerde koşullanmış bir şey midir, "Ben bir bireyim, o adam da, ya da kadın da bir birey, bizler ayrı kimlikleriz, herbiri kendi niteliklerini ortaya koymalıdır, bu nedenle ayrılma esastır," diyen bir beyin midir? Öyle mi?

Temelde yatan bu mudur? Ya da bana öyle mi öğretildi, ben bir bireyim, o kadın da bir birey olduğuna göre kendini kendi bildiği şekilde göstermeli, ben de aynen öyle mi yapmalıyım? Öyleyse, daha en baştan iki ayrı yöne doğru yolculuğa başladık. Paralel gitseler de hiçbir zaman bir noktada kavuşmuyorlar; hiçbir zaman kavuşmayan tren yolları gibi. Benimse tek yaptığım kavuşmaya çalışmak, uyumlu yaşamaya çalışmak, çabalamak: "Ah, sevgilim o kadar iyisin ki"—izleyebiliyor musunuz?—yinelemek, yinelemek, ama hiç kavuşmamak. Doğru mu?

Öyleyse neden buysa—zaten nedeni de, kökeni de bu gibi görünüyor—bireyin ayırıcı varoluşu bir gerçeklik midir? Ya da, arkasında hiçbir geçerlik olmadan benim beslediğim, yücelttiğim, tutunduğum bir yanılsama mıdır? Hiçbir geçerliği yoksa, bunun bir yanılsama olduğundan kesinlikle, geri dönülemez biçimde emin olmalıyım; beynin bu yanılsamadan kurtulup kurtulamayacağını sormalı ve hepimizin psişik açıdan benzer olduğumuzu anlamalıyım. İzleyebiliyor musunuz? Benim bilincim insanlığın geri kalanının bilincidir; biyolojik açıdan farklı olsak da, bilincimiz bütün insanlık için benzerdir. Bunu zihinsel olarak değil, derinde, kalbimde, kanımda bir kez kavrarsam, bir başkasıyla olan ilişkim kökten değişim geçirir. Doğru mu? Bu kaçınılmazdır.

Şimdi şu soruluyor: Çatışma yaşıyorsak, bu bitmeli midir? Birbirimizle gün boyunca çarpışacaksak, birçok insanın bu çatışmada, savaşımda yaptığı gibi—bilirsiniz, acı, öfke, nefret, iğrenme—dayanabildiğimiz kadar dayanırız, ondan sonra da kurtulmamız gereken an gelir. Burada herkesin bildiği yöntemi biliyoruz. Boşanma sayısı gün geçtikçe artıyor. Ve şimdi soruluyor: O halde insan ne yapmalıdır? Eşimle sonsuza dek çatışma içinde olacaksam ve bu çatışmayı ortadan kaldıramayacaksam, bu ilişki bitmeli midir? Ya da ayrı bireysellik duygusu olan bu bozulmanın, bu çatışmanın temelinde yatan nedeni anlayıp yanıltıcı doğasını da gördükten sonra artık bireysel yolu aramaz mıyım? Ben bunu algılayıp yaşadıktan sonra ne olacak—sözel olarak sürdürmek değil, gerçekten yaşamak—hâlâ birey olarak düşünen o kişiyle, o kadınla ilişkim ne olacak? Sorumu anlayabiliyor musunuz?

Bu çok ilginçtir. Bu konuya girin. Benim ya da o kadının—ona yüklemek daha iyi—bireyin aptallığını, saçmalığını, aldatıcı doğasını görüyoruz. O anlıyor ve hissediyor, bense anlamıyorum, çünkü erkeğim, daha saldırganım, daha kuvvetliyim, vb. O halde ikimiz arasında olan nedir? O, o doğayı anladı, bense anlamadım. Benimle hiçbir zaman kavga etmeyecektir. Doğru mu? O bölgeye hiç girmeyecektir, bense sürekli onu itiyorum, yönetiyorum ve o alana çekmeye çalışıyorum. Çatışmayı yaratan benim, o değil. Her şeyin nasıl geliştiğini anladınız mı? İzleyebiliyor musunuz? Her şey değişti. Artık kavga eden iki değil, bir kişi var. Bakın ne oldu. Ben de duyarlıysam, onun için gerçek duygular besliyorsam, ben de değişmeye başlıyorum, çünkü o geri dönülemez biçimde oradadır. Anlıyor musunuz? Bunun dışına çıkmayacaktır. Bakın ne olacak. Hareketsiz iki nesne karşılaşırsa çatışma yaşanır. Bilmem anlayabiliyor musunuz? Biri, diyelim ki kadın, sabitse, hareket eden de bensem, ben doğal olarak hareket etmeyene yönelirim. Doğru mu? Anlayabiliyor musunuz merak ediyorum. Bu son derece yalın.

Biri ilişkiyi tam olarak—daha önceden söz ettiğimiz imge olmadan—kavrarsa, sorun çözülür. O kadın, varlığıyla, gerçekliğinin vazgeçilmezliğiyle beni değiştirecek, bana yardım edecektir. Yanıt işte bu. Anladınız mı?

Bangalore, 15 Ağustos 1948

Yaşam, ilişkide sürekli hareketliliğin yaşandığı bir süreçtir, ilişkiyi anlamazsak karmaşaya, uğraşmaya ve sonuçsuz çabalamalara gireriz. Bu nedenle ilişkiyle neyi kastettiğimizi anlamamız önemlidir, çünkü toplum ilişkilerden oluştuğuna göre insan kendini toplumdan soyutlayamaz. Kendini soyutlayarak yaşamak söz konusu olamaz. Soyutlanan kısa zamanda ölür.

Öyleyse bizim sorunumuz ilişkiyle ne demek istediğimizi anlamaktır. İster yakın ister uzak olsun, insanlar arasındaki birtakım davranışlardan oluşan ilişkiyi anlamaya çalışırken aslında varoluş sürecini bütünüyle kavramaya, bağlılık ile bağımsızlık arasındaki çatışmayı anlamaya başlarız. Öyleyse ilişkiyle neyi kastettiğimizi çok dikkatli incelemeliyiz. Şu anda ilişki bir soyutlanma süreci, dolayısıyla sürekli bir çatışma değil midir? Sizin bir başkasıyla, karınızla, toplumla aranızdaki ilişki bu soyutlanmayla ortaya çıkar. Soyutlanmayla sürekli güvenlik, hoşnutluk ve güç aradığımızı kastediyorum.

Hepimiz bir başkasıyla ilişkimizde hoşnutluk ararız; bir ulus ya da bireyde rahatlık, güvenlik arayışı olduğunda soyutlanma yaşanmak zorundadır, soyutlanan da çatışmayı davet eder. Direnen her şey, kendisi ile direnilen arasında çatışma doğurmaya zorunludur; ilişkilerimiz de çoğunlukla bir tür direnme olduğundan kaçınılmaz olarak soyutlanmayı, dolayısıyla da soyutlanma olsun ya da olmasın, çatışmayı besleyen bir toplum yaratırız. Öyleyse ilişkiyi gerçek yaşamımızdaki biçimiyle incelemeliyiz. Benim ne olduğum—hareketlerim, düşüncelerim, duygularım, güdülerim, niyetlerim—kendimle bir başkası arasındaki ilişkiyi doğurur, buna da toplum deriz. İki insan arasındaki bu ilişkinin yaşanmadığı bir toplum yoktur; ulusal bağımsızlıktan, bayraktan, vb. söz etmeden önce birbirimizle olan ilişkilerimizi anlamamız gerekir.

Yaşamlarımızı, birbirimizle olan ilişkilerimizi incelersek, bunun bir soyutlanma süreci olduğunu göreceğiz. Aslında birbirimizle pek de ilgilenmeyiz; bundan çok söz etsek de, aslında pek de ilgili değiliz. İlişki bizi hoşnut kıldığı, bize sığınma sağladığı, bizi doyurduğu sürece bir başkasıyla ilişkideyiz. İlişkide bizleri huzursuz eden bir durum yaşandığı anda o ilişkiyi gözden çıkarırız. Başka deyişle, ilişki bizi hoşnut kıldığı sürece vardır. Bu kulağa biraz sert gelse de, yaşamınızı çok yakından incelerseniz bunun gerçek olduğunu görürsünüz; gerçekten kaçınmaksa aslında hiçbir zaman doğru ilişkiyi yaratamayacak cehalet içinde yaşamaktır.

Öyleyse yaşamlarımızı inceleyip ilişkiyi gözlemlersek, bunun insanların birbirlerine karşı direnme oluşturdukları bir süreç olduğunu görürüz; üzerinden bakıp ötekini gözlemlediğimiz bir duvar, ama bu duvar ister psişik, ister maddi, ister ekonomik, isterse ulusal bir duvar olsun, bu duvarı hep korur, hep onun arkasında kalırız. Bir duvarın arkasında kendimizi soyutlayarak yaşadığımız sürece de, bir başkasıyla ilişki kuramayız. Çok daha fazla mutluluk verdiği için kapalı yaşarız; bunun çok daha güvenli olduğunu düşünürüz. Dünya öylesine huzursuzluk vericidir ki—o kadar çok üzüntü, acı, savaş, yıkım ve sefalet var ki—kendi psişik varlığımızın güvenlik duvarlarının içine kaçıp orada yaşamak isteriz. Dolayısıyla birçoğumuz için ilişki, aslında bir soyutlanma sürecidir; böyle bir ilişkiden kendisi de soyutlayıcı olan bir toplum yaratılır. Dünyanın her yerinde yaşanan budur. Siz kendi soyutlanmanız içinde kalıp duvardan öteye elinizi uzatıp buna da uluslararasıcılık, kardeşlik ya da canınız ne isterse onu dersiniz, ama yine de bağımsız ülkelerin orduları vardır. Başka deyişle, kendi sınırlamalarınıza tutunup kalarak dünya birliğini, dünya barışını sağlayabileceğinizi düşünürsünüz, ama bu olanaksızdır. İster ulusal, ekonomik, dinsel, isterse toplumsal olsun, önümüzde bir engel olduğu sürece dünyada barış yaşanamaz.

Soyutlanma süreci güç arayışı olduğuna göre ve bu ister bireysel, ister ırksal, isterse ulusal düzeyde olsun, soyutlanma olmak zorundadır, çünkü güç, konum arzusu ayırımcılık demektir. Sonuçta herkesin istediği de bu değil midir? Evde, büroda ya da bürokratik bir rejimde insan güçlü bir konumda olmak ister. Herkes güç arayışındadır, güç arayışı sırasında da güce, askeriyeye, endüstriye, ekonomiye, vb. dayanan bir toplum oluşturulacaktır—bu da şaşırtıcı değildir. Güçlü olma arzusu, doğası gereği soyutlayıcı değil midir? Bunu anlamanın çok önemli olduğunu düşünüyorum, çünkü barış içinde yaşayan bir dünya, savaşların, dehşet verici yıkımların, ölçülemeyecek kadar olağanüstü felaketlerin doğurduğu sefaletin olmadığı bir dünya isteyen bir insan, bu temel soruyu anlamak zorundadır. Siz, bir birey olarak, ne kadar geniş ya da dar kapsamlı güç arayışı içinde olursanız olun, ister başbakan, belediye başkanı, avukat, isterseniz yalnızca eş konumunda olun—başka deyişle siz egemen olma, zorlama, güç, etki oluşturma duygusunu arzuladığınız sürece—soyutlanma sürecinin sonucunda ortaya çıkan bir toplum yaratmaya zorunlusunuz; çünkü güç, doğası gereği soyutlayıcıdır, ayırımcıdır.

Şefkatli, kibar bir insanın güçlü olma duygusu yoktur; bu nedenle hiçbir uyruğu, bayrağı yoktur. Bununla birlikte herhangi bir biçimde güç sahibi olmak isteyen bir insan, ister bürokrasiden isterse Tanrı dediği kendinin-yansıtılmasından türetilmiş olsun, soyutlama sürecine yine de kapılmış durumdadır. Çok dikkatli incelerseniz, güç arzusunun doğası gereği bir kuşatma süreci olduğunu anlayacaksınız. Herkes kendi konumunun, kendi güvenliğinin peşindedir; bu güdü var olduğu sürece toplum soyutlanma süreci üzerine kurulmak zorundadır. Güç arayışı olan yerde soyutlanma süreci vardır, soyutlanan da çatışma yaratmaya zorunludur. Dünyanın her yerinde olup biten budur. Her bir grup güç peşindedir ve böylece kendi kendini soyutlar. Bu, sonunda savaşa ve yıkıma götüren ulusallık, yurtseverlik sürecidir.

İlişki olmaksızın varoluş olamaz; ilişki güce, egemenliğe dayandığı sürece kaçınılmaz olarak çatışmayı ortaya çıkaran soyutlanma süreci olmak zorundadır. Soyutlanmış yaşam diye bir şey yoktur. Hiçbir ülke, hiç kimse, hiçbir birey soyutlanmış bir yaşam süremez; güç arayışları çok farklı biçimlerde gerçekleştiği için soyutlanmayı beslersiniz. Milliyetçi insan bir baş belasıdır, çünkü milliyetçi, yurtsever ruhuyla soyutlanma duvarları yaratır. Kendini ülkesiyle öylesine özdeşleştirmiştir ki, bir başkasına karşı duvar örer. Bir şeye karşı duvar ördüğünüzde ne olur? O şey sürekli ördüğünüz duvara çarpar. Bir şeye karşı direndiğinizde, o direnme karşınızdakiyle çatışma içinde olduğunuzu gösterir. Öyleyse bir soyutlanma süreci ve güç arayışının sonucu olan milliyetçilik dünyaya barış getiremez. Milliyetçi olan ve kardeşlikten söz eden bir kişi yalan söylüyordur. Çelişkili bir hal içinde yaşamaktadır.

Dünyanın barış içinde yaşaması şarttır; yoksa yok ediliriz. Az da olsa bazıları bundan kaçabilir, ama barış sorununu çözmediğimiz sürece yıkım her defasında daha şiddetli olacaktır. Barış bir ideal değildir, ideal kurmaca bir şeydir. Gerçek olan anlaşılmalıdır; gerçeğin anlaşılması ise ideal dediğimiz kurmacayla önlenir. Gerçek olan herkesin güç, ünvan, yetkili konumlar, vb. peşinde koştuğudur, bunların hepsi çok düzgün anlamlar içeren sözcüklerle çeşitli biçimlerde karşımıza çıkar. Bu çok önemli bir sorundur. Bu ne kuramsal bir sorundur ne de ertelenebilir; hemen harekete geçmeyi gerektirir, çünkü felaketin yaklaştığı bellidir. Felaket yarın gelmezse, gelecek yıl ya da ondan hemen sonra gelecektir, çünkü soyutlanma süreci bir kez başlamıştır; bu konu üzerinde düşünen bir insan da sorunun kökenini oluşturan güç arayışı içindeki grubu, ırkı ve ulusu yaratan bireyin güç arayışını irdelemelidir.

İnsan güç, konum, yetke arzusunun olmadığı bir dünyada yaşayabilir mi? Yaşayabileceği bellidir. İnsan kendini daha büyük bir şeyle özdeşleştirmediğinde yaşayabilir. Bu ırk, din, Tanrı—güç arayışıdır. Siz kendi içinizde boş, cansız ve zayıf olduğunuz için kendinizi daha büyük bir şeyle özdeşleştirmek istersiniz. Kendini daha büyük bir şeyle özdeşleştirme arzusu güç arzusudur. Bu nedenle milliyetçilik ya da başka bir toplumsal inanış dünya için bir lanettir; iktidarı elde etme arzusudur. Öyleyse yaşamda, dolayısıyla ilişkide anlaşılması gereken önemli şey her birimizi yönlendiren güdüyü keşfetmektir; çünkü o güdü her neyse çevreyi oluşturur. Dünyaya barışı ya da yıkımı getiren de bu güdüdür. Dünyanın sefalet ve yıkım içinde olduğunun farkında olarak ya da olmayarak güç arayışı içindeysek, bu yıkıma katkıda bulunduğumuzun, bu nedenle de toplumla ilişkilerimizin sürekli bir çatışma olacağının farkında olmamız gerekir.

Güç yalnızca konum ya da zenginlik biçiminde değil, çeşitli biçimlerde görülür. Bir şey olma arzusu da soyutlanmayı, dolayısıyla çatışmayı getiren bir tür güçtür. Herkes güdüyü, davranışlarının ardında yatan niyeti anlamadıkça, hükümetçe yürürlüğe konacak bir yönetmeliğin çok az önemi vardır, çünkü içten gelen her zaman dıştakini bastırır. Siz dışarıda barışçıl bir yapı kursanız da, bu sistemi işletecek olanlar kendi amaçlarına göre değiştireceklerdir. Bu nedenle yeni bir kültür, yeni bir toplum, yeni bir devlet yaratmak isteyenlerin öncelikle istediklerinin ne olduğunu anlamaları çok önemlidir. İnsan kendi içsel hareketlerinin ve dalgalanmalarının farkına vardıkça, gizli güdüleri, niyetleri, tehlikeleri de anlayacaktır; ancak bu farkındalıkla dönüşüm gerçekleşir. Yeniden oluşum ancak bu güç arayışında duraklama olduğunda ortaya çıkar ve ancak ondan sonra çatışmaya değil, anlayışa dayanan yeni bir kültür, bir toplum yaratabiliriz. İlişki kendini açığa vurma sürecidir; insan kendini tanımadan, kendi düşünüş biçimini ve yüreğinden geçeni bilmeden, yalnızca dıştan bir düzen, bir yapı, kurnazca bir formül oluşturulmasının pek az önemi vardır.

Öyleyse önemli olan insanın bir başkasıyla ilişkisinde kendini anlamasıdır. O zaman ilişki bir soyutlanma süreci olmaktan çıkar, kendi güdülerinizi, düşüncelerinizi, arayışlarınızı keşfettiğiniz bir harekete dönüşür; bu keşif de özgürlüğün, dönüşümün başlangıcıdır. Dünya için şart olan temel, kökten devrimi gerçekleştirebilecek olan da bu ani dönüşümdür. Soyutlanma duvarları içindeki devrim, devrim değildir. Devrim yalnızca soyutlanmanın duvarları yıkıldığında ortaya çıkar ve ancak siz artık güç peşinde koşmadığınızda gerçekleşebilir.

Ojai, 17 Temmuz 1949

Karşı çıkmadan ya da kabul etmeden söyleneni dinleyebilmemiz gerektiğini düşünüyorum. Dinleyebilmeliyiz ki yeni bir şey söylenmişse hemen karşı çıkmayalım. Bu söylenen her şeyi kabul etmemiz gerektiği anlamına da gelmez. Böyle olması gerçekten saçma olur, çünkü o zaman yalnızca yetke yaratıyor oluruz, yetkenin olduğu yerde de düşünme, hissetme olamaz; yeni bir şey keşfedilemez. Çoğumuz bir şeyi gerçekten anlamadan heyecanla kabul etmeye eğilimli olduğumuz için, düşünmeden, sorgulamadan, derinlerine inmeden kabul etme tehlikesi vardır. Bu konuşmamda yeni bir şey söyleyebilir ya da bir şeyi farklı bir biçimde ifade edebilirim; anlamanızı sağlayacak bir rahatlık ve sessizlik içinde dinlemezseniz, söylediklerimi atlayabilirsiniz.

Oldukça zor olabilecek bir konuyu tartışmak istiyorum: edim, etkinlik ve ilişki. Buna geçmeden önce etkinlikle ne, edimle ne demek istediğimizi anlamamız gerekir. Bütün yaşamımız edimlere, daha doğrusu etkinliklere dayanır. Etkinlikle edimi birbirinden ayırmak istiyorum. Sanki bütün yaşamımız bir şeyler yaparak dopdolu geçer; ne pahasına olursa olsun bir şey yapmak, ilerlemek, başarıya ulaşmak, başarı için çabalamak—durmadan çabalar, kendimizi öylesine hareketle tüketiriz ki... Peki ilişkide etkinliğin yeri nedir? Yaşam ilişkilerden oluşur. Hiçbir şey soyutlanmış biçimde var olamaz, ilişki de yalnızca bir etkinlikse pek de önemi yoktur. Etkin olmadığınız anda geleceğe ilişkin endişe duygusunun anında ortaya çıktığını farkettiniz mi bilmiyorum; yaşamıyormuş, tetikte değilmişsiniz gibi hissedersiniz, o yüzden ilerlemeye devam etmeniz gerekir. Tek başına olmaktan, tek başına yürüyüşe çıkmaktan, kendi kendine kalmaktan, kitaptan, radyodan, konuşmadan yoksun kalma korkusu ortaya çıkar; ellerinizle, zihninizle ya da yüreğinizle durmaksızın bir şey yapmak yerine yalnızca sessizce oturma korkusu.

Öyleyse etkinliği anlamak için ilişkiyi anlamamız gerekir, değil mi? İlişkiyi dikkatin başka yöne çekilmesi, bir şeyden kaçış olarak değerlendirirsek, o zaman ilişki etkinlik olmaktan öteye gidemez. Aslında ilişkilerimizin çoğu da dikkatimizin başka yöne çekilmesi değil midir, öyleyse ilişkide söz konusu olan yalnızca bir dizi etkinlik değil midir? Daha önce de söylediğim gibi, ilişki ancak kendini açığa vurma süreci olduğunda, ilişki hareketinde kendini açığa vurduğunda gerçekten önem kazanır. Oysa çoğumuz ilişkide kendimizi açığa vurmak istemeyiz. Tam tersine ilişkiyi kendi yetersizliklerimizi, kendi sorunlarımızı, kendi belirsizliklerimizi kapatma aracı olarak kullanırız. Böylece ilişki yalnızca hareket, yalnızca etkinlik haline dönüşür. İlişkinin çok acı verici olduğunu farkettiniz mi bilmiyorum; açığa vurma sürecine dönüşmediği sürece ilişki kendinizden kaçma aracı olmaktan öteye gidemez.

Bence bunu anlamak çok önemli, çünkü kendinin bilgisi sorunu ilişkinin bir şeylere, insanlara ya da fikirlere açılmasında yatar. İlişki bir fikre dayanabilir mi? Bir fikre dayalı herhangi bir hareketin yalnızca o fikrin sürekliliğini sağlayan etkinlik olduğu bellidir. Edim bir fikre dayanmaz. Edim ani, doğaçlama ve doğrudandır; düşünce bu süreç dışında kalır. Oysa edimi bir fikre dayandırdığımızda bu, etkinliğe dönüşür; ilişkimizi de bir fikre dayandırırsak, böyle bir ilişkinin anlaşılmadan yapılan bir etkinlik olmaktan öteye gidemeyeceği bellidir. Bu etkinlik yalnızca bir formülün, bir yolun, bir fikrin izlenmesidir. İlişkiden bir şey istediğimiz için böylesi bir ilişki her zaman yasaklayıcı, kısıtlayıcı ve bağlayıcıdır.

Fikir bir isteğin, bir arzunun, bir amacın sonucudur. Size fizyolojik ya da psişik açıdan gereksinimim olduğu için sizinle ilişkideysem, o zaman o ilişkinin bir fikre dayandığı bellidir, çünkü sizden bir şey istiyorum demektir. Bir fikre dayanan böylesi bir ilişkide kendini açığa vurma olamaz. Bu, yalnızca alışkanlığın yerleştiği bir devinirlik, bir etkinlik, bir tekdüzeliktir. Bu durumda böyle bir ilişki her zaman bir yük, bir sıkıntı, bir uğraşma, bir savaşım olacak, bize acı verecektir.

Fikirsiz, isteksiz, sahiplenmeden, elde etmeden ilişki içinde olunabilinir mi? Birbirimizle arzu, fiziksel ya da psişik gereksinim nedeniyle ilişkideysek, birbirimizle—bilincin her düzeyinde gerçek bir ilişki olan—bir bağ kurabilir miyiz?

İstekten kaynaklanan bu koşullandırıcı nedenler olmadan bir ilişki olabilir mi? Daha önce dediğim gibi bu oldukça zor bir durumdur. İnsan bu sorunun çok derinlerine yavaş yavaş inmelidir. Bu bir kabul etme ya da yadsıma sorunu değildir.

İlişkimizin şu anda ne durumda olduğunu biliyoruz—bir yük, bir çabalama, bir acı ya da yalnızca bir alışkanlık. Bir başkasıyla kurulan ilişkiyi eksiksiz, tam olarak anlarsak, birçoğuyla, başka deyişle, toplumla ilişkiyi anlayabilmek de olanaklıdır. Ben herkesle, toplumla, birçoğuyla olan ilişkimi kesinlikle anlayamam. Bir başkasıyla ilişkim bir gereksinime, hoşnutluğa dayanıyorsa, dolayısıyla toplumla ilişkim de aynı olmalıdır. Bu durumda bir kişiyle ya da birçok kişiyle sıkıntı ortaya çıkar. Hiçbir şey istemeden bir kişiyle ya da birçok kişiyle yaşanabilir mi? Sorun bu değil mi?—yalnızca sizin ve benim aramda değil, benimle toplum arasındaki sorun. Bu sorunu anlamak, çok derinine inmek için de, kendinin bilgisi sorununun derinine inmeniz gerekir, çünkü siz kendinizi tanımadan, tam olarak "ne olduğunuzu" bilmeden, bir başkasıyla doğru ilişki kuramazsınız. Ne isterseniz yapın—kaçın, tapının, okuyun, sinemaya gidin, radyoyu açın—kendinizi anlamadığınız sürece doğru ilişki kuramazsınız; yalnızca sizin içinizdeki değil, sizin dışınızdaki ve çevrenizdeki savaşımı, savaşları, düşmanlıkları, karmaşayı anlamanız gerekir. İlişkiyi yalnızca bir hoşnutluk, kaçış aracı, bir etkinlik olmaktan öteye götüremeden dikkat dağıtıcı bir unsur olarak kullandığınız sürece, kendinin bilgisi olamaz. Kendinin bilgisi de ilişki yoluyla anlaşılır, gizleri çözülür, süreci ortaya çıkar, bu da ilişki sorununun derinine inmek ve bunun üzerinde yoğunlaşmak isterseniz gerçekleşebilir. Her şeye karşın ilişkisiz yaşanamaz. Bu ilişkiyi de rahat olmak, hoşnut olmak, bir şey olmak için kullanmak isteriz. Başka deyişle, bir fikre dayalı ilişkiyi kullanırız, bu da zihnin ilişkide önemli rol oynadığı anlamına gelir. Zihin her zaman kendini korumakla, bilinenin sınırları içinde kalmakla ilgilenir, ilişkiyi alışkanlık ya da güvenlik düzeyine indirger; dolayısıyla ilişki bir etkinlik olmaktan öteye gidemez.

Görüyorsunuz ki biz izin verirsek, ilişki kendini açığa vurma süreci olabilir, ama biz izin vermediğimiz için ilişki yalnızca hoşnut edici bir etkinlik olarak kalır. Zihin ilişkiyi yalnızca kendi güvenliği için kullandığı sürece, o ilişki karmaşa ve düşmanlık yaratmaya zorunludur. İlişkide istek, hoşnutluk fikri olmaksızın yaşanabilir mi?

Sevgi hakkında düşünemezsiniz. Sevdiğiniz kişiyi düşünürsünüz ama o düşünce sevgi değildir, düşünce yavaş yavaş sevginin yerini alır... İlişki bir fikre dayanabilir mi? Dayanırsa, bir kendini kuşatma etkinliği değil midir, bu nedenle de savaşımın, sürtüşmenin ve sefaletin olması kaçınılmaz değil midir?

Rajahmundry, 4 Aralık 1949

Gerçeklik, zihin *dinginleştirildiğinde* değil, dingin *olduğunda* ortaya çıkar. Bu nedenle zihin, dingin olması için disiplin altına alınmamalıdır. Siz kendinizi disiplin altına soktuğunuzda, bu yalnızca belli bir durumda olmanın yansıtılmış arzusudur. Böyle bir durum, eylemsizlik durumu değildir. Din, düşünenin ve düşüncenin anlaşılmasıdır, bu da ilişkide hareketi anlamak demektir. Bu anlayış ne kadar hoşnutluk verici ve geleneksel olursa olsun, kim demiş olursa olsun, bir fikre tapınma değil dindir. Din ilişkide hareketin güzelliğini, derinliğini, yadsınamaz önemini anlamadır. Çünkü yaşam ilişkidir; olmak ilişkide olmaktır. Yoksa var olamazsınız. Soyutlanmış yaşayamazsınız. Arkadaşlarınızla, ailenizle, birlikte çalıştığınız kişilerle ilişkidesinizdir. Dağda inzivaya çekilseniz bile, size yiyecek getiren adamla ilişkidesinizdir. Dile getirdiğiniz bir fikirle ilişkidesinizdir. Varoluş varlık, başka deyişle ilişki anlamına gelir; o ilişkiyi anlamazsak, gerçeklik anlaşılamaz. Bununla birlikte ilişki acı verdiği, rahatsız ettiği, isteklerini sürekli değiştirdiği için ondan kaçıp Tanrıya sığınırız, bunun gerçeklik arayışı olduğunu düşünürüz. Arayan insan gerçeği arayamaz. Yalnızca kendinin yansıması anlamına gelen kendi idealini arar. Öyleyse bizim ilişkimiz ve ondan anladığımız gerçek, dindir; başka bir şey değildir, çünkü o ilişkinin içinde varoluşun bütün anlamı yatar. İster insanlarla, doğayla, ağaçlarla, isterse yıldızlarla, fikirlerle, devletle olsun, o ilişkide düşünür ve düşünce bütünüyle ortaya çıkar; bu da insandır, zihindir. Kendi, çatışma üzerinde yoğunlaşarak var olur; çatışma üzerinde yoğunlaşma, zihnin kendinin farkına varmasını sağlar. Yoksa kendi yoktur; o kendiyi üst bir konuma yerleştirseniz bile, bu yine de hoşnutluktur.

Öyleyse gerçekliği aramayacak ama alacak, sonsuz olan neyse onun sesini duyacak insan ilişkiyi anlamak zorundadır; çünkü ilişkide çatışma vardır, gerçeğin ortaya çıkmasını önleyen de bu çatışmadır. Başka deyişle, çatışmada çatışmadan kaçınmaya, kaçmaya çalışan kendinin bilincinin sabitlenmesi vardır; oysa zihin ancak çatışmayı anlayabildiğinde gerçeği kavrayabilir. Öyleyse ilişkiyi anlamadan gerçek arayışına girme kaçış arayışına girmek demektir. Neden yüzleşmeyelim? Asıl olanı anlamadan nasıl daha öteye gidebilirsiniz? Gözlerinizi kapayıp tapınaklara koşabilir ve boş imgelere tapabilirsiniz, ama tapınma, kendini adama, ritüeller, çiçekler sunma, adaklar, idealler, inançlar—ilişkideki çatışmayı anlamadan bunların hiçbirinin bir anlamı yoktur. Öyleyse ilişkide çatışmanın nedenini anlama birincil önem taşır, çünkü o çatışmada zihnin geçtiği bütün süreçleri keşfedersiniz. Kendinizi teknik açıdan düşünüldüğü gibi değil de, günlük—ekonomik, toplumsal ve ideolojik—varoluş çatışmasında kendiniz olarak bilmezseniz—maddenin içindeki Tanrı ya da başka hangi kuram olursa olsun—o çatışmayı anlamadan nasıl bunun ötesine geçip bir şey bulabilirsiniz? Daha ötesini arama "olan"dan kaçmaktan başka bir şey değildir; kaçmak istiyorsanız, din ya da Tanrı sarhoşluk kadar iyi bir kaçıştır. Alkol almakla Tanrı'nın aynı kefeye konmasına karşı çıkmayın. İster içmek, ister kiliseye gitmek, isterse başka bir şey olsun, bütün kaçışlar aynıdır.

Öyleyse başka hiçbir şey değil ama ilişkide çatışmanın nedenini anlamak birincil önem taşır, çünkü bu çatışmadan her gün içinde yaşadığımız dünyayı, sefaleti, yoksulluğu, varoluşun çirkinliğini yaratırız. İlişki yaşamın hareketine verilen yanıttır. Başka deyişle, yaşam sürekli aşılması gereken bir zorluktur; yanıt yetersiz kaldığında da çatışma yaşanır; ama aşılacak zorluğa hemen, yeterli ve doğru biçimde yanıt verilirse bütünlük sağlanır. Aşılacak zorluğa yeterli yanıtın verilmesinde çatışmanın durması yatar. Bu nedenle insanın kendini soyutlanmış haliyle değil, gerçek yaşamda, her günkü varoluşta anlaması önemlidir. Dolayısıyla düşündüğünüz ya da bir şey hakkında fikir sahibi olmanız değil, günlük yaşamda karınıza, kocanıza, çocuklarınıza, çalışanlarınıza nasıl davrandığınız, ne olduğunuz birincil önem taşır. Çünkü siz neyseniz, dünyayı onunla yaratırsınız. Tutum ideal bir tutum değildir. İdeal tutum yoktur. Tutum sizin bir sonraki anda ne olduğunuz, nasıl davrandığınızdır. İdeal olan kendinizden kaçmadır. Karınızın farkında değilken, size neyin yakın olduğunu bilmeden nasıl ileriye gidebilirsiniz? İleriye gidebilmek için yakın olandan başlamak gerektiği kesindir, ama yine de din adını verdiğiniz ufka gözleriniz sabitlenmiştir, kaçabilmenize yardımcı olan bütün inanç araçlarıyla çevrelenmişsinizdir.

Her türlü kaçış iyi olduğu için önemli olan nasıl kaçılacağı değildir; dini ya da dünyevi kaçışların hepsi aynıdır, kaçışlar da sorunumuzu çözmez. Bizim sorunumuz çatışmadır, ama yalnızca bireyler arasındaki çatışma değil, dünyadaki çatışma bizim sorunumuzdur. Dünyada olup bitenleri, sayısı gittikçe artan savaşları, yıkımı, sefaleti görüyoruz—bunları durduramazsınız. Sizin yapacağınız dünyayla ilişkinizi, Avrupa ya da Amerika ile değil, karınızla, kocanızla, işinizle, evinizle olan ilişkinizi değiştirmektir. Bunlarda değişiklik yapabilirsiniz ve bu değişiklik daha geniş dalgalar halinde yayılır, ama bu köklü değişiklik olmadan zihin huzura kavuşamaz. Bir köşede oturup bir şeyler okuyarak uykuya dalmayı bekleyebilirsiniz, birçok kişi buna meditasyon der ama bu, gerçeğin açılması, kavranması değildir. Çoğumuzun istediği doyurucu bir kaçıştır; çatışmalarımızla yüzleşmek istemeyiz, çünkü acı vericidir. Acı vericidir, çünkü onlara hiçbir zaman ne olduklarını anlamak için bakmayız; Tanrı dediğimiz bir şeyi ararız, ama hiçbir zaman çatışmanın nedenini anlamaya çalışmayız. Oysa her günkü varoluş çatışmasını anlarsak daha ileriye gidebiliriz, çünkü bu anlamada yaşamın bütün anlamı yatmaktadır. Çatışma içindeki zihin yıkıcı bir zihindir, harcanabilecek bir zihindir, çatışma içinde olanlar hiçbir zaman anlayamaz, ama çatışma yaptırımlarla, inançlarla ya da disiplinlerle de yatıştırılamaz, çünkü çatışmanın kendisinin anlaşılması gerekir. Bizim sorunumuz ilişkiyledir, ilişki de yaşamın kendisidir; din ise zihnin sessiz olduğu durumu yaratan yaşamı anlamadır. Böyle bir zihin gerçeği anlayabilir. Sonuç olarak din budur, kilisedeki ayinleriniz, ritüelleriniz, sözleri, deyişleri ve törenleri yinelemeniz değildir. Din kesinlikle bu değildir. Bunlar bölünmelerdir, ama ilişkiyi anlayan bir zihinde bölünme yoktur. Yalnızca tek bir yaşam olduğu bir ideadır, bu nedenle de hiçbir değeri yoktur; ilişkiyi anlayan bir insan için "dışarıdaki" ya da "içerideki" kavramı yoktur; ne yabancı vardır, ne de çok yakın insan. İlişki kendini anlama sürecidir, günlük yaşamda da kendini her an anlama, kendinin bilgisine ulaşmadır. Kendinin bilgisi bir din, nihai son değildir. Nihai son diye bir şey yoktur. Kaçmak isteyen için böyle bir şey vardır, ama kendinin bilgisini oluşturan katmanların sürekli açıldığı bir ilişkiyi anlama süreci ölçülemez.

Öyleyse kendinin bilgisi kendinin üst düzeye yerleştirildiği bir bilme süreci değildir; kendinin bilgisi günlük yaşamda andan anadır, bu da harekettir, ilişkidir; bu kendinin bilgisi olmadan doğru düşünce olamaz. Ne olduğumuzu bilmezseniz, doğru düşünme için temeliniz olamaz. Kendinizi, soyutlama yoluyla, ideolojiyle tanıyamazsınız. Kendinizi ancak günlük yaşamda ilişki içinde tanıyabilirsiniz. Çatışmada olduğunuzu bilmiyor musunuz? Vücudundaki zehri yadsımayan ve yavaş yavaş ölen bir adam gibi ondan uzaklaşmanın, onu dikkate almamanın yararı nedir?

Öyleyse kendinin bilgisi bilgeliğin başlangıcıdır, bu kendinin bilgisi olmadan ileriye gidemezsiniz. Mutlak olanı, Tanrı'yı, hakikati ya da istediğinizi aramak kendinin yansıtıldığı hoşnutluk arayışıdır. Bu nedenle, yakından başlayıp her sözünüzü, her mimiğinizi, yürüyüşünüzü, yemek yiyişinizi, davranış biçiminizi araştırmalısınız; yargılamadan her şeyin farkında olmalısınız. Bu farkındalık sayesinde gerçeğin ne olduğunu ve olanın dönüşüm geçirdiğini bilirsiniz, bu kurtuluşun başlangıcıdır. Kurtuluş bir son değildir. Kurtuluş zihin *özgürleştirildiğinde* değil, *özgür olduğunda* neyin ne olduğunu andan ana anlamaktır. Bir inanç tarafından ya da bir teze göre biçimlendirilmiş bir zihin değil, özgür bir zihin keşifler yapabilir. Böyle olmayan bir zihin keşfedemez. Çatışma ilişkide kendinin sabitlenmesi olduğu için, çatışma varsa özgürlük olamaz.

Colombo, 25 Aralık 1949

Karmaşanın giderek arttığı kesin, çünkü biz soruna bir hareket modeliyle ya da, ister siyasi ister dini olsun, bir ideolojiyle yaklaşırız. Örgütlü din sorunun anlaşılmasını kesinlikle önler, çünkü zihin dogmalar ve inançlarla koşullandırılmıştır. Bizim yaşadığımız zorluk, sorunu belli bir dini ya da siyasi koşullandırma aracılığıyla değil, doğrudan nasıl anlayacağımızda yatmaktadır; sorun öyle bir biçimde anlaşılmalıdır ki, çatışma geçici değil, kalıcı olarak durdurulabilmeli, insan yarının sıkıntısını ya da dünün yükünü çekmeden dolu dolu yaşayabilmelidir. İşte bizim kesinlikle bulmamız gereken budur—soruna yeni baştan farklı bir biçimde yaklaşmak—çünkü siyasi, ekonomik, dinsel, toplumsal ya da kişisel olsun, her sorun yepyeni bir sorundur ve eskisine yaklaşıldığı biçimde yaklaşılamaz. Belki de sorunu böyle ortaya koymak sizin alışık olduğunuzdan farklı, ama asıl konu budur. Sonuçta yaşam sürekli değişen bir çevredir.

Bizler arkamıza yaslanıp rahat etmek isteriz. Kendimizi dine, inanca ya da belli olgulara dayanan bilgiyle korumak isteriz. Rahat etmek isteriz, hoşnut olmak isteriz, rahatsız edilmek istemeyiz, ama sürekli değişen, sürekli yenilenen yaşam eskiyi her zaman rahatsız eder. Öyleyse bizim sorunumuz aşılması gereken yepyeni zorluklarla nasıl karşılaşacağımızdır. Bizler geçmişin birer sonucuyuz; düşüncelerimiz de dünün sonucudur, bugünü dünle karşılayamayacağımız kesindir, çünkü bugün yenidir. Yeniye dünle yaklaştığımızda, bugünü anlamak için dünün koşullanmasını sürdürürüz. Öyleyse yeniye yaklaşırken bizim sorunumuz eskiyi nasıl anlayacağımız, böylece eskiden nasıl kurtulacağımızdır. Eski yeniyi anlayamaz; "eski şişelere yeni şarap" dolduramazsınız. Öyleyse eskiyi anlamak önemlidir; eski geçmiştir, düşünceye dayalı zihindir.

Düşünce ve fikir geçmişin sonucudur. İster tarihsel, bilimsel bilgi, isterse yalnızca önyargı ve batıl inanç olsun, fikir kesinlikle geçmişin sonucudur. Belleğimiz olmasaydı, düşünemezdik. Bellek deneyimin tortusudur, bellek düşüncenin yanıtıdır. Yeni olan zorluğu anlayabilmek için geçmişin sonucunu, koşullanmamızın sonucunu—çevresel, toplumsal, siyasi, ekonomik—kendimizle ilgili bütün yapıyı, kendinin bütün sürecini anlamamız gerekir. Sorunu anlamak kendimizi anlamaktır. Dünyayı anlama kendimizi anlamakla başlar. Sorun dünya değil, sizin bir başkasıyla olan ilişkinizdir, sorunu yaratan da budur, kapsamı genişleyen sorun da dünya sorununa dönüşür.

Öyleyse bu olağanüstü, karmaşık makineyi, bu çatışmayı, acıyı, karmaşayı, sefaleti anlamaya kendimizle başlamalıyız, ama kitlenin tersine bunu bireysel olarak da yapmamalıyız. Kitle denen soyutlanma diye bir şey yoktur; bir lideri izleyip söyledikleriyle hipnotize olduğumuzda bizler de kitleye dönüşür, sömürülürüz. Öyleyse sorunun çözümü soyutlanmada, bir manastıra, dağa ya da mağaraya çekilmede aranmamalıdır, tersine bizlerin ilişkide yaşadığı bütün sorunlarda aranmalıdır. Kendinizi soyutlayarak yaşayamazsınız; olmak ilişkide olmaktır. Dolayısıyla bizim sorunumuz çatışma yaratan, üzüntüye, sürekli sıkıntıya neden olan ilişkidir. O ilişkiyi anlamadığımız sürece, ilişki sonsuz bir acı ve savaşım kaynağı olacaktır. Kendimizi anlamak—bu kendinin bilgisidir—bilgeliğin başlangıcıdır; kendinin bilgisi için kitaba başvuramazsınız. Size bunu öğretebilecek bir kitap yoktur. Kendinizi tanıyın, bir kez kendinizi tanıyınca, hepimizin her gün karşılaştığı sorunlarla baş edebilirsiniz. Kendinin bilgisi zihne dinginlik getirir, ancak ondan sonra hakikat ortaya çıkar. Hakikatin peşinde koşulamaz. Hakikat bilinmeyendir, sizin aradığınız zaten bilinendir. Hakikat; aranmadığı, zihin önyargılardan arındığı, kendimizle ilgili bütün süreç anlaşıldığı zaman ortaya çıkar.

Colombo, 28 Aralık 1949

Kendinin bilgisi kitaplarla satın alınabilecek ya da uzun ve acı verici bir uygulama ve disiplin sonucunda ortaya çıkabilecek bir şey değildir. İlişkide ortaya çıkan her düşüncenin ve duygunun andan ana farkındalığıdır. İlişki soyut ideolojik bir düzeyde değildir, tersine nesnelerle, insanlarla ve fikirlerle olan ilişkidir, bir gerçekliktir. İlişki varoluş anlamına gelir; hiçbir şey soyutlanmış yaşayamayacağına göre olmak ilişkide olmaktır. Yaşadığımız çatışma ilişkide, varoluşumuzun her düzeyinde yatar; bu ilişkiyi bütünüyle ve derinlemesine anlama herkesin yaşadığı bir sorundur. Bu sorun ertelenemez ya da görmezden gelinemez. Sorunu görmezden gelme yalnızca daha çok çatışma ve üzüntü yaratır. Sorundan kaçınmaysa kurnazlık ve hırsla sömürülen düşüncesizliği getirir.

Öyleyse din bir inanç ya da dogma değil, ilişkide her an keşfedilecek hakikati anlamaktır. İnanç ve dogmaya dayalı din ilişkinin gerçekliğinden kaçıştan başka bir şey değildir. Din adını verdiği inanç aracılığıyla Tanrıyı ya da ne isterse onu arayan insan yalnızca karşıtlık yaratır, parçalanmaya neden olan ayırımcılığı getirir. Sağ ya da sol olsun, her türlü ideoloji, o ya da bu din insanları karşı karşıya getirir, bugün dünyada yaşanan da budur.

Bir ideolojinin yerini başka bir ideolojinin alması sorunlarımızı çözmez. Sorun hangisinin daha iyi ideoloji olduğunda değil, kendimizi eksiksiz bir süreç olarak anlamamızda yatar. Kendimizi anlamanın sonsuz zaman alabileceğini, bu arada dünyanın da bölündüğünü söyleyebilirsiniz. Bir ideolojiye göre plan hazırlamışsanız, dünyanın yakın zamanda dönüşüm geçirebileceğini düşünürsünüz. Bu konuyu biraz daha yakından incelersek, fikirlerin insanları bir araya getirmediğini göreceğiz. Bir fikir grup oluşturmada yardımcı olabilir, ama o grup farklı bir fikri benimsemiş başka bir gruba karşıdır; bu, fikirler hareketlerden daha önemli oluncaya kadar devam eder: İdeolojiler, inançlar, örgütlü dinler insanları ayırır.

*

Başkasının deneyimi gerçekliği anlamada geçerli değildir. Dünyanın her yerindeki örgütlü dinlerse bir başkasının deneyimine dayanır, o halde bu dinler insanı özgürleştirmek yerine karşı karşıya getiren belli bir yola bağlar. Her birimiz yeni baştan, bir daha başlamalıyız, çünkü *biz* neysek dünya da odur. Dünya sizden ya da benden farklı değildir. Bizim sorunlarımızdan oluşan küçük dünya genişleyip dünyanın ta kendisi ve sorunlar dünyası olur.

Dünyanın sayısız sorunlarından anladıklarımızla umutsuzluğa kapılırız. Bunun bir kitlesel eylem sorunu olmadığını, bireyin yaşadığı dünyaya, sınırlı da olsa kendi dünyasının sorunlarını çözmek üzere uyanışı olduğunu görmeyiz. Kitle bir ideolojisi olan siyasetçinin sömürdüğü bir soyutlamadır. Kitle aslında siz, ben ve başkalarıdır. Siz, ben ve başkaları bir sözcükle hipnotize olduğumuzda kitleye dönüşürüz ki bu yine de bir soyutlamadır, çünkü sözcüğün kendisi de bir soyutlamadır. Kitlesel eylem bir yanılsamadır. Bu eylem aslında kendi karmaşamızda ve umutsuzluğumuzda kabullendiğimiz, başkalarının eyleme ilişkin fikirleridir. Karmaşamızdan ve umutsuzluğumuzdan siyasi ya da dini rehberlerimizi seçeriz, bizim seçimimizden dolayı bunlar da kaçınılmaz olarak karmaşa ve umutsuzluk içindedir. Kesinlik ve her şeyi bilme havası takınabilirler, ama aslında karmaşa içindekilerin rehberleri olduklarından, onların da aynı derecede kafası karışmıştır, yoksa rehberlerimiz olamazlar. Liderin ve liderlik edilenlerin kafalarının karışık olduğu bir dünyada bilerek ya da bilmeyerek bir yolu ya da ideolojiyi izlemek, daha çok çatışmayı ve üzüntüyü beslemek demektir.

*

Dünya sizin sorununuzdur ve dünyayı anlamak için kendinizi anlamanız gerekir. Bu kendinizi anlayış da zamanla bağlantılı değildir. Siz ancak ilişkiyle var olursunuz; yoksa var olamazsınız. Sorun sizin ilişkinizdir, nesnelerle, insanlarla, fikirlerle ya da inançlarla ilişkiniz. Bu ilişki şimdi sürtüşmedir, çatışmadır ve ilişkinizi anlamadığınız sürece ne yaparsanız yapın, isterseniz kendinizi bir ideoloji ya da dogmayla hipnotize edin, sizin için huzur yoktur. Bu kendinizi anlayış, ilişkideki harekettir. Doğrudan ilişki kurdukça kendinizi keşfedersiniz. İlişki kendinizi olduğunuz gibi görebileceğiniz bir aynadır. Aynaya bir sonuç, açıklama, yargılama ya da onaylama ile yaklaşırsanız, kendinizi olduğunuz gibi göremezsiniz.

İlişkideki hareket sırasında kendinizi olduğunuz gibi algılama sizi "olan"dan bağımsız kılar. Ancak bağımsızlıkla keşfetme gerçekleşir. Koşullanmış bir zihin hakikati keşfedemez. Özgürlük soyutlanma değildir; erdemle vücut bulur. Erdem, doğası gereği, karmaşa nedenlerinden kurtuluş sağlar. Sonuçta erdemli olmayan karmaşadır, çatışmadır. Erdemse özgürlüktür, anlamanın getirdiği algılama netliğidir. Erdemli olmaya çalışamazsınız. Erdemli olmaya çalışma açgözlülüğün ya da gözü doymazlığın yanılsamasıdır. Erdem "olan"ın o anda algılanmasıdır. Öyleyse kendinin bilgisi bilgeliğin başlangıcıdır, sizin ve böylece dünyanın sorunlarını çözecek olan da bu bilgeliktir.

Colombo, 1 Ocak 1950

Ne yapılacağını ya da nasıl hareket edileceğini sormadan önce doğru düşünmenin ne olduğunu keşfetmemiz önemlidir, çünkü doğru düşünme olmadan doğru davranış da kesinlikle olamaz. Bir kalıba, bir inanışa göre davranmak insanları karşı karşıya getirmiştir. Kendinin bilgisi olmadığı sürece doğru düşünme olamaz, çünkü kendinin bilgisi olmadan insan aslında ne düşündüğünü nasıl bilebilir? Çok düşünürüz, çok da etkinlik yapılır, ama böylesi düşünce ve davranış çatışma ve düşmanlık yaratır, bunu yalnızca kendi aramızda değil, bizi çevreleyen dünyada da görürüz. Öyleyse bizim sorunumuz yalnızca kendimizde değil, çevremizdeki dünyada da gördüğümüz çatışma ve karmaşayı ortadan kaldırmayı sağlayacak, doğru davranışı yaratacak doğru düşünmenin nasıl gerçekleştirileceğidir.

*

Düşüncemiz geçmişe, başka deyişle koşullanmamıza dayanıyorsa, ne düşünürsek düşünelim bu yalnızca bir tepkidir ve daha çok çatışmaya neden olur. Öyleyse doğru düşünmenin ne olduğunu öğrenmeden önce kendinin bilgisinin ne olduğunu bilmemiz gerekir. Kendinin bilgisi kesinlikle yalnızca belli bir düşünme türünü öğrenme değildir. Kendinin bilgisi fikirlere, inanca ya da sonuca dayanmaz. Yaşayan bir şey olmalıdır, yoksa kendinin bilgisi olmaktan çıkıp yalnızca bilgi olur. Bilgi olan bilgi ile düşüncelerin ve duyguların süreçlerini bilme olan bilgelik arasında fark vardır. Ama çoğumuz bilgi, yüzeysel bilgi kapanına sıkışmışızdır, bu yüzden sorunun daha derinine inemeyiz. Kendinin bilgisi sürecinin tamamını kavrayabilmek için ilişkide farkında olmalıyız. İlişki elimizdeki tek aynadır, görüntüyü bozmayacak, düşüncemizin ortaya çıktığını kesinlikle ve net bir biçimde görebileceğimiz bir ayna. Birçok insanın aradığı soyutlanmadır, ilişkiye karşı oluşturulmuş gizli tepkidir. Soyutlanma ilişkiyi, insanlarla, fikirlerle, nesnelerle ilişkiyi anlamayı kesinlikle önler. Kendimizle nesneler, kendimizle insanlar, kendimizle fikirler arasındaki ilişkinin gerçekte ne olduğunu bilmezsek karmaşa ve çatışma kesinlikle yaşanır.

Öyleyse doğru düşünmenin ne olduğunu ancak ilişkide anlarız. Başka deyişle, ilişkide her an ne düşündüğümüzü, tepkilerimizin ne olduğunu keşfedebilir, böylece doğru düşünmenin ortaya çıkışına kadar adım adım ilerleriz. Bu ilişkimizde tam olarak ne olup bittiğini, tepkilerimizin ne olduğunu izleme ve böylece her düşüncenin, her duygunun gerçekliğini keşfetme açısından yapılması soyut ya da zor bir şey değildir. Oysa nasıl olması gerektiğine ilişkin bir fikir ya da önyargı yüklememiz "olan"ın ortaya çıkışını, açılışını kesinlikle önler. Bizim yaşadığımız zorluk budur; ilişkinin nasıl olması gerektiğine ilişkin kararımız çoktan verilmiştir. Çoğumuz için ilişki, rahatlığın, mutluluğun, güvenliğin yaşandığı bir dönemdir ve o ilişkide kendi hoşnutluğumuz için nesneleri, fikirleri, insanları kullanırız. İnancı güvenlik aracı olarak kullanırız. İlişki yalnızca mekanik bir düzenleme değildir. İnsanları kullandığımızda bu fiziksel ya da psişik sahiplenmeyi gerektirir, biri sahiplenildiğinde kıskançlık, imrenme, yalnızlık ve çatışma gibi sorunları yaratırız. Bunu biraz daha yakından ve derinlemesine inceleyecek olursak, bir insanın ya da nesnenin mutluluk için kullanılmasının soyutlanma süreci olduğunu anlayacağız. Bu soyutlanma süreci de kesinlikle gerçek ilişki değildir. Öyleyse yaşadığımız zorluklar ya da çoğalan sorunlarımız, temelde kendinin bilgisi olan ilişkiyi anlamaktan yoksunlukta yatmaktadır. İnsanlarla, nesnelerle, fikirlerle nasıl ilişkide olduğumuzu bilmezsek, ilişkimiz kaçınılmaz olarak çatışmayı da getirir. Şu anda bütün sorunumuz budur, değil mi—yalnızca insanlar arasındaki ilişki değil, gruplar, uluslar, solcu, sağcı, dinci ya da laik ideolojiler arasındaki ilişkilerde de. Öyleyse karınızla, kocanızla, komşunuzla olan ilişkinizi kökten anlamak önemlidir, çünkü ilişki, onun aracılığıyla kendimizi keşfedebileceğimiz, bu keşiften de doğru düşünmenin ne olduğunu anlayacağımız bir kapıdır.

Doğru düşünme doğru düşünceden kesinlikle farklıdır. Doğru düşünce durağandır. Doğru düşünceye ilişkin bir şeyler öğrenebilirsiniz, ama doğru düşünmeye ilişkin bir şeyler öğrenemezsiniz, çünkü doğru düşünme harekettir, durağan değildir. Doğru düşünceyi kitaptan, öğretmenden öğrenebilir ya da buna ilişkin bilgi toplayabilirsiniz, ama bir yol ya da kalıp izleyerek doğru düşünmeye ulaşamazsınız. Geçtiği bütün süreci ortaya çıkaran, ilişkinin andan ana anlaşıldığı düşünme doğru düşünmedir.

Hangi düzeyde yaşarsanız yaşayın, yalnızca bireysel düzeyde değil, dünyada da çatışmalar yaşanır. Dünya sizsiniz; dünya sizden ayrı değildir. Siz neyseniz, dünya da odur. İnsanlarla, fikirlerle ilişkinizde köklü bir devrim yapılmalıdır. Köklü bir değişim olmalıdır, bu değişim de sizin dışınızda değil, ilişkilerinizde başlamalıdır. Öyleyse barışçıl, düşünce sahibi bir insanın kendini anlaması temeldir. Çünkü kendinin bilgisi olmadan bir insanın çabaları daha fazla karmaşa ve üzüntü yaratmaktan öteye gidemez. Kendinizle ilgili bütün sürecin farkında olun. Her şeyle olan ilişkinizi her an anlamak için bir guruya, kitaba gereksiniminiz yoktur.

Soran: Dünyaya daha pratik yollardan yardımcı olmak yerine neden sohbet ederek zamanızı harcıyorsunuz?

Krishnamurti: Pratikle ne demek istiyorsunuz? Dünyaya değişim getirmeyi, daha iyi ekonomik düzenlemeleri, zenginliğin daha iyi dağılımını, daha iyi bir ilişkiyi ya da daha katı bir ifadeyle daha iyi bir iş bulmanıza yardımcı olmayı mı kastediyorsunuz? Dünyada bir değişim görmek istiyorsunuz, akıllı insan bunu ister; bu değişimi yapmak için bir yöntem istiyorsunuz, o yüzden de bana bunun için bir şey yapmak yerine neden zamanımı sohbet etmekle harcadığımı soruyorsunuz. Peki benim yaptığım gerçekten de zaman harcama mıdır? Eski ideolojinin, eski yolun yerine yeni fikirler ortaya atsaydım işte bu zaman harcamak olurdu. Belki sizin de benden yapmamı istediğiniz budur. Oysa harekete geçmenin, yaşamanın, daha iyi bir iş bulmanın, daha iyi bir dünya yaratmanın sözde pratik yolunu göstermek yerine sol ya da sağ devrimi değil de, fikirlere dayanmayan, temelli, kökten devrimi, gerçek devrimi önleyen engelleri bulmak önemli değil midir? İdealler, inançlar, ideolojiler, dogmalar hareketi engeller. Hareket fikirlere dayandığı sürece dünyanın dönüşüm geçirmesi, devrim söz konusu olamaz, çünkü böylesi bir durumda hareket, fikirlerin hareketten çok çok daha önemli olduğu bir tepkiden öteye gidemez. Dünyada olan da aynen bu değil midir? Harekete geçebilmek için hareketi engelleyen şeyleri keşfetmeliyiz. Çoğumuzsa harekete geçmek istemeyiz, yaşadığımız zorluk budur. Konuşmayı, bir ideolojinin yerine bir başkasını koymayı tercih ederiz, böylece ideoloji aracılığıyla hareketten kaçarız. Bu da kesinlikle çok basittir, değil mi? Dünya şu anda birçok sorunla uğraşmaktadır: nüfus artışı, açlık, insanların uluslara ve sınıflara bölünmesi, vb. Neden bir grup insan bir araya gelip milliyetçilik sorunlarını çözmeye çalışmaz? Uyruğumuza sıkı sıkıya bağlı kalarak uluslararası olmaya çalışırsak, başka bir sorun yaratırız; çoğumuzun yaptığı da budur.

Gördüğünüz gibi hareketleri önleyen aslında ideallerdir. Bir devlet adamı, önemli bir yetkili, dünyanın örgütlenerek herkesin beslenebileceğini söylemiş. Öyleyse bu neden yapılmıyor? Çatışan fikirler, inançlar ve milliyetçilik nedeniyle. Öyleyse insanların beslenmesini engelleyen aslında fikirlerdir; çoğumuz fikirlerle oynayıp kendimizi *pratik* gibi sözcüklerle hipnotize edip olağanüstü devrimciler olduğumuzu düşünürüz. Önemli olan, bir modele ya da ideolojiye göre değil, gereksinimlerin gerektirdiği biçimde davranabilmemiz için fikirlerden, milliyetçilikten, bütün dinsel inançlardan ve dogmalardan kendimizi kurtarabilmektir.

Bu tür hareketleri önleyen engelleri ve zorlukları vurgulamak kesinlikle zaman kaybı değildir, boş laf değildir. Sizin fikirleriniz ve inançlarınız, siyasi, ekonomik ve dini çareleriniz aslında insanları birbirinden ayırıp savaşmaya itiyor. Zihin ancak fikirden ve inançtan kurtulduğunda doğru hareket edebilir. Yurtsever, milliyetçi bir insan her ne kadar kardeşlikten söz ederse etsin, onun ne olduğunu bilemez; tam tersine, ekonomik ya da her açıdan hareketleri savaşa neden olur. Öyleyse zihin ancak yüzeysel değil, temelli olarak fikirlerinden arındığında doğru hareket ve köklü, uzun soluklu dönüşüm gerçekleşebilir; fikirlerden arınma da ancak kendinin farkındalığı ve kendinin bilgisi ile ortaya çıkabilir.

Colombo, 8 Ocak 1950

En temel sorunlarımızdan biri yaratıcı yaşamdır. Çoğumuzun sıkıcı yaşamlar sürdüğü açıktır. Yalnızca çok yüzeysel tepkilerimiz vardır; yanıtlarımızın çoğunluğu yüzeyseldir, bunlar da sayısız sorun yaratır. Yaratıcı yaşam mutlaka büyük bir mimar ya da yazar olma anlamına gelmez. Bu yalnızca yetiye dayanır, yeti de yaratıcı yaşamdan bütünüyle farklıdır. Kimsenin sizin yaratıcı olduğunuzu bilmesine gerek yoktur, ama siz kendiniz o olağandışı mutluluk durumunu, yok edilememe niteliğini bilirsiniz. Birçoğumuz, belli açıklamalara, belli kurallara, geleneklere, alışkın olduğumuz sosyolojik ya da dinsel kalıplara göre çözmeye çalıştığımız sayısız—siyasi, toplumsal, ekonomik, dinsel, ailesel—sorunla uğraştığımızdan bu kolaylıkla farkedilmez. Oysa bir soruna bulacağımız çözümün başka sorunlar yaratması kaçınılmaz görünmektedir ve sonunda da yıkıcılığı sürekli çoğalan ve artan bir sorunlar ağı kurarız.

Bu karışıklıktan, bu karmaşadan çıkış yolu bulmaya çalıştığımızda, yanıtı belli bir düzeyde ararız. İnsan bütün düzeylerin ötesine geçebilme yetisine sahip olmalıdır, çünkü yaratıcı yaşama biçimi hiçbir özel düzeyde bulunamaz. Bu yaratıcı hareket ancak ilişki anlaşıldığında ortaya çıkar, ilişki de bir başkasıyla bağ kurmaktır. Öyleyse bireysel hareketle ilgilenme aslında bencilce bir bakış açısıdır. Bu dünyada çok az şey yapabileceğimizi, yalnızca büyük siyasetçilerin, ünlü yazarların, büyük din liderlerinin olağandışı hareketler yapabileceğini düşünüyor görünürüz. Aslında sizin ve benim profesyonel siyasetçiler ve iktisatçılara göre köklü dönüşümleri daha fazla yapabilecek sınırsız yetimiz vardır. Kendi yaşamlarımızla ilgilenirsek, başkalarıyla olan ilişkimizi anlarsak yeni bir toplum yaratmış olacağız; yoksa var olan karmaşayı sürekli kılmaktan öteye gidemeyiz.

Öyleyse bireyin bireysel hareketlerle ilgilenmesinin nedeni bencillik ya da güç elde etme arzusu değildir. Şu anda yaptığımız gibi yalnızca dinsel, toplumsal, siyasi ya da ekonomik ölçütlere uymakla kalmayıp yaratıcı bir yaşam biçimi bulabilirsek, sorunlarımızın çoğunu çözebileceğimizi düşünüyorum. Şu anda baskı altında belki arada bir plakları değiştirilen, ama hiç durmadan aynı havayı çalan gramofonlar olmaktan daha öteye gidemiyoruz, çoğumuz her durumda aynı havayı çalıyor. Sorunun temelinde yatan bütün karmaşıklığıyla bu sürekli yineleme, geleneğin sürdürülmesidir. Var olan uygunluğu yenisiyle değiştirsek ya da var olan modeli değiştirmeye çalışsak da uygunluktan ayrılamıyor görülebiliriz. Bu, sürekli bir yineleme, öykünme sürecidir. Bizler Budistiz, Hıristiyanız, ya da Hinduyuz; sol ya da sağ görüşlüyüz. Çeşitli kutsal kitaplardan alıntı yaparak, yalnızca yineleyerek sayısız sorunlarımızı çözeceğimizi düşünürüz. Yinelemenin insanların sorunlarını çözmeyeceği kesindir. "Devrimci" kitle bütün bu söylenenler için ne yapmıştır? Aslında sorunlar hâlâ vardır. Bir fikrin sürekli yinelenmesi sorunun kendisinin anlaşılmasını önler. Kendinin bilgisiyle insan kendini bu yinelemeden kurtarabilir. Böylelikle her zaman yeni olan yaratıcı durumda kalınabilir; insan her yeni sorunla yeni baştan karşılaşmaya hazırdır. Sonuçta bizim sorunumuz; bu yoğun sorunlara daha önceden varılan sonuçlarla, ister bizim edindiğimiz, ister başkalarından edinilmiş deneyimlerle yaklaşıyor olmamızdır; bu nedenle yeniyi eskiyle karşılıyor olmamız daha fazla sorun yaratır.

Yaratıcı yaşam bu arkatasar olmaksızın var olmaktır; yeniye yeni olarak yaklaşılır, böylece bu, daha fazla sorun yaratmaz. Öyleyse bütün süreci, artan felaket, sefalet, açlık, savaş, işsizlik, eşitsizlik sorununu, çatışan ideolojiler arasındaki savaşı bütünüyle anlayıncaya kadar yeniyi yeniyle karşılamak zorunludur. Bu çabalama ve karmaşa eski yöntemlerin yinelenmesiyle çözülemez. Gerçekten biraz daha yakın, önyargısız, dinsel yargılara kapılmadan bakacak olursanız, çok daha büyük sorunlar olduğunu göreceksiniz; uygunluktan, inançtan kurtulduğunuz için de yeniyle karşılaşabileceksiniz. Yeniyi yeniyle karşılayabilmeye yaratıcı durum denir ve bu kesinlikle dinin en üst düzeydeki biçimidir. Din yalnızca bir inanç, belli ritüelleri, dogmaları yineleme, kendinizi o ya da bu diye adlandırma değildir. Din, yaratmanın var olduğu bir halin gerçekten deneyimlenmesidir. Bu bir fikir, bir süreç değildir. Bu, insan kendinden kurtulduğunda gerçekleşebilir. Kendinden kurtulma ancak ilişkide kendini anlayarak gerçekleşebilir, ama soyutlanmada anlama söz konusu olamaz.

Daha önce de belirttiğim gibi, yalnızca benim yanıtlarımı dinlememek ve her sorun ortaya çıktıkça bunu deneyimlemek önemlidir, konunun hakikatini birlikte keşfedeceğimizi söylemiştim, bu çok daha zordur. Çoğumuz başkalarını izleyerek sorundan uzak kalmayı ister, ama birlikte keşfedebilirsek, birlikte ilerleyebilirsek, bu benim değil sizin deneyiminiz olacaktır—siz benim söylediklerimi dinleseniz de birlikte ilerleyebilirsek, bunun değeri ve önemi daha kalıcı olur.

Soran: Vejetaryenliği savunuyor musunuz? Rejiminize yumurta eklemeye karşı çıkar mısınız?

Krishnamurti: Yumurta yeme ya da yememe o kadar büyük bir sorun mu? Belki de çoğunuz öldürmemeyle ilgileniyorsunuz. Sorunun düğüm noktası gerçekte nedir? Belki de çoğunuz et ya da balık yiyorsunuz. Bir kasaba giderek öldürmeyi engelliyorsunuz ya da suçu öldürene, kasaba yüklüyorsunuz; bu, sorunu atlatmaktan başka bir şey değildir. Yumurta yemeyi seviyorsanız, öldürmeyi önlemek için döllenmemiş yumurtalar alabilirsiniz. Ama bu çok yüzeysel bir sorudur; sorun çok daha derinde yatar. Kendi mideniz için hayvan öldürmek istemezsiniz, ama öldürmek için örgütlenmiş hükümetleri desteklemek de sizi rahatsız etmez. Bütün bağımsız hükümetler şiddete dayanır, orduları, donanmaları, hava kuvvetleri olmalıdır. Onları desteklemek sizi rahatsız etmez, ama bir yumurta yemenin yaratacağı korkunç felakete karşı çıkarsınız. Bakın hepsi nasıl da saçma! Milliyetçi, sömürülmekten ve insanların acımasızca kıyımından rahatsızlık duymayan, toplu soykırımların kendisine hiçbir şey ifade etmediği, ama yedikleri konusunda kuruntuya kapılan bir beyefendinin zihniyetini inceleyin.

Bu sorunun içine yalnızca öldürme değil, zihnin doğru kullanılmasına kadar birçok şey girer. Zihin çok dar kapsamda kullanılabilir ya da zihin olağandışı etkinlikler yapabilir. Çoğumuz yüzeysel etkinlikle, güvenlikle, cinsel doyumla, eğlenceyle, dinsel inançla yetiniriz; bununla yetinir, yaşamın daha derindeki yanıtını ve daha kapsamlı önemini bütünüyle saf dışı bırakırız. Dinsel liderler bile yaşama verdikleri yanıtlarda darkafalıdırlar. Sonuçta sorun yalnızca hayvanları değil, daha da önemlisi insanları öldürmektir. Hayvanları kullanmaktan ve onları aşağılamaktan kaçınabilir, öldürmeme konusunda duyarlı olabilirsiniz, ama bu soruda önemli olan sömürme ve öldürme konusudur; insanların yalnızca savaş zamanı kıyımdan geçirilmesi değildir; insanları sömürme biçiminiz, başkalarına davranışınız, onlara alt tabakadanmış gibi üstten bakışınızdır. Belki de buna dikkat etmiyorsunuz, çünkü bu size tanıdık. Tanrıyı ya da yeniden doğuşu tartışmayı tercih edersiniz—ama anında hareket ve sorumluluk gerektiren hiçbir şeyi tartışmazsınız.

Colombo, 22 Ocak 1950, Halk Konuşması

Önemli olan soruna nasıl yaklaştığımızdır. Çatışmaya neden olanın doğru ilişkinin kurulamaması olduğunu açıkça görmemiz çok önemlidir, dolayısıyla ilişkide çatışmayı, bütün düşünce ve hareket sürecini anlamamız da önemlidir. Kendimizi ilişki içindeyken anlamazsak, hangi toplumu yaratırsak yaratalım, hangi fikirlere, görüşlere sahip olursak olalım, bunlar yalnızca daha fazla kötülük, daha fazla sefalet yaratacaktır. Öyleyse kendinin toplumla ilişkisindeki bütün süreci anlama, çatışma sorununu anlamada ilk aşamadır. Kendinin bilgisi bilgeliğin başlangıcıdır, çünkü dünya sizsiniz, dünyadan ayrı değilsiniz. Toplum sizin başkasıyla ilişkinizdir; onu siz yarattığınıza göre çözüm de sizin o ilişkiden ne anladığınızda, sizle toplum arasındaki etkileşimde yatar. Kendinizi anlamadan bir çözüm aramak kesinlikle yararsızdır; bu yalnızca bir kaçıştır. Önemli olan ilişkiyi anlamaktır. Çatışmayı yaratan ilişkidir, edilgin olarak dikkatli olamazsak, o ilişki anlaşılamaz. Öyleyse bu edilgin dikkatle, bu farkındalıkla anlama sağlanır.

*

Soran: Yalnızlığın sorunlarımın çoğunun temelinde yatan neden olduğunu görüyorum. Bununla nasıl başa çıkabilirim?

Krishnamurti: Yalnızlıkla ne demek istiyorsunuz? Yalnız olduğunuzun gerçekten farkında mısınız? Yalnızlık, kesinlikle tek başına olma durumu değildir. Çok azımız tek başınadır; tek başına olmak istemeyiz. Tek başına olmanın soyutlanma olmadığını anlamak önemlidir. Tek başına olma ile soyutlanma arasında fark vardır. Soyutlanma; kapalı olma, hiçbir ilişkiye girmeme, her şeyden el etek çekmiş olma duygusudur. Bu, incinmeye olağanüstü açık olan tek başına olmaktan bütünüyle farklıdır. Yalnız olduğumuzda, korku, endişe, kendini soyutlanmış bulmanın acısı insanın üstüne gelir. Birini sevdiğinizde onsuz kendinizi kaybolmuş gibi hissedersiniz. Sizin soyutlanma duygusunu hissetmemeniz için o kişi elzem hale gelir. Dolayısıyla o kişiyi kendiniz neyseniz ondan kaçmak için kullanırsınız. Bu nedenle, yalnızca yaşadığımızı hissedebilmek için ilişki kurmaya, başkasıyla bağ kurmaya ya da nesnelerle, eşyalarla temas kurmaya çalışırız. Mobilya, giysi, araba alırız; bilgi biriktirmeye çalışır ya da sevme bağımlısı oluruz.

Yalnızlıkla kastettiğimiz, zihnin üstüne çöken bir soyutlanma durumu, hiçbir temasın, hiçbir ilişkinin, hiçbir şeyle bağın olmadığı durumdur. Bundan korkarız; acıtır deriz; olduğumuz halden, asıl halimizden korktuğumuz için de birçok kaçış yolunu—Tanrı, içki, radyo, eğlenceler—kullanarak o soyutlanma duygusundan uzaklaşmak için herhangi bir şeyle ondan kaçarız. Bireysel ilişkilerimizde ya da toplumla olan ilişkilerimizde hareketlerimiz bir soyutlanma süreci değil midir? Babanın, annenin, eşin ilişkisi bizler için şu anda bir soyutlanma süreci değil midir? O ilişki neredeyse her zaman ortak gereksinime dayanan bir ilişki değil midir? Öyleyse kendini soyutlama süreci yalındır—ilişkilerinizde sürekli kendiniz için bir çıkar ararsınız. Bu soyutlanma süreci aralıksız sürer, etkinliklerimiz aracılığıyla bir soyutlanma bilinci edindiğimizde de ondan kaçmak isteriz. O zaman bir tapınağa gider, kitaba döner, radyoyu açar ya da bir resme bakıp meditasyon yaparız—olandan kaçmak için her şeyi yaparız.

Colombo, 22 Ocak 1950 Radyo Konuşması

Hareketin yalnızca ilişkide anlamı vardır, ilişkiyi anlamadan herhangi bir düzeyde yapılacak hareket yalnızca çatışmayı besler. İlişkinin anlaşılması herhangi bir hareket planı arayışından sonsuz kez daha önemlidir. İdeoloji, belirli bir modele göre hareket etme, hareketi engeller. İdeolojiye dayalı hareket iki insan arasındaki ilişkinin anlaşılmasını önler. İdeoloji ister sağ ya da sol, ister dinsel ya da laik görüşlü olsun, ilişkiye her zaman zarar verir. Doğru hareket ilişkinin anlaşılmasıdır. İlişkinin anlaşılmadığı durumlarda sürtüşme ve düşmanlık, savaş ve karmaşa kaçınılmazdır.

İlişki temas, bağ demektir. İnsanların fikirlerle bölündüğü ortamlarda bağ kurulamaz. Bir grup insan bir inancın çevresinde birleşebilir. Böylece bir grup kaçınılmaz olarak karşıtlığı besleyecek, farklı görüşe sahip bir grubu oluşturacaktır.

Fikirler sorunla doğrudan ilişkiyi erteler. Sorunla doğrudan ilişki olduğunda hareket vardır. Ne yazık ki hepimiz sorunlara fikir adını verdiğimiz sonuçlarla, açıklamalarla yaklaşırız. Bunlar bir hareketi erteleme araçlarıdır. Fikir, söze dökülmüş düşüncedir. Sözcük, simge, imge olmadan düşünce olamaz. Düşünce, koşullandırıcı etkileri olan belleğin, deneyimin yanıtıdır. Bu etkilerin yalnızca geçmişle ilgisi olduğu gibi, şimdiyle bağlantısı olan geçmişle de ilgisi vardır.

Öyleyse geçmiş şimdiyi her zaman gölgeler. Fikir geçmişin şimdiye yanıtıdır, bu nedenle ne kadar kapsamlı olursa olsun fikir her zaman sınırlıdır. Fikirler insanları her zaman ayırmak zorundadır.

Dünya felakete her zaman yakındır, ama şimdi daha yakın gibi görünmektedir. Yaklaşan felaketi gördükçe çoğumuz fikirlere sığınırız. *Bu* felaketin, *bu* krizin bir ideolojiyle çözülebileceğini düşünürüz. İdeoloji ilişkiyi yönlendirmede her zaman engeldir ve hareketi önler. Biz barışı yalnızca fikir olarak isteriz, gerçekte ise istemeyiz. Biz bunu büyük bir gururla entelektüel düzey diye adlandırsak da, barışı yalnızca düşünme düzeyi olan sözlü düzeyde isteriz. Oysa *barış* sözcüğü barış değildir. Barış, ancak siz ve başkası arasındaki karmaşa bittiğinde olabilir. Bizler barışa değil, fikirler dünyasına bağlıyız. Biz barış değil, yeni toplumsal ve siyasi yapılar arıyoruz. Biz sonuçların uzlaştırılması ile ilgilenirken, savaşın nedenlerini bir kenara koymuyoruz. Bu araştırma yalnızca geçmişte koşullanılmış yanıtları getirecektir. Bu koşullandırma bizim bilgi, deneyim dediklerimizdir ve yeni değişen olgular da bu bilgiye göre alınır, yorumlanır. Öyleyse olan ile deneyimlenen arasında çatışma vardır. Bilgi demek olan geçmiş, hiçbir zaman şimdiki zamanda gerçekleşen olgu ile çatışma içinde olmamalıdır. Dolayısıyla bu, sorunu çözmeyecek, tersine sorunu yaratacak koşulları devam ettirecektir.

*

İlişki yalnızca belli bir düzeyde değil, varoluşun her düzeyinde bizim sorunumuzdur. Bizim tek sorunumuz budur. İlişkiyi anlamak için ideolojiden, önyargıdan, yalnızca eğitilmemişlik önyargısından değil, bilgi önyargısından da arınarak ilişkiye yaklaşmalıyız. Sorunun geçmiş deneyime dayanarak anlaşılması söz konusu olamaz. Her sorun yenidir. Eski sorun diye bir şey yoktur. Her zaman yeni olan bir soruna geçmişin sonucu olan bir fikirle yaklaştığımızda, yanıtımız da geçmişin yanıtı olacaktır, bu da sorunun anlaşılmasını önleyecektir.

Sorunun yanıtını arama, yalnızca sorunu daha da yoğunlaştırır. Yanıt ondan uzakta değil, sorunun içindedir. Sorunu yeni baştan ele almalı, geçmişin ekranından bakmamalıyız. Zorluğa verilen yanıtın yetersiz olması sorunu yaratır. Anlaşılması gereken zorluk değil, yetersizliktir. Yeni olanı anlamak için can atarız, ama anlayamayız, çünkü geçmişin imgesi bunun açıkça algılanmasını önler. Zorlukla karşılaştığımızda verdiğimiz yanıt Katolik, Hindu, Budist, sol görüşlü ya da sağ görüşlü olmanın ötesine geçemez, bu da daha fazla çatışma yaratır. Öyleyse önemli olan yeniyi görme değil, eskiden kurtulmadır. Çatışma yaşanmaması, sorun çıkmaması ancak zorluğa verilen yanıtın yeterliliğiyle olanaklıdır. Bunun gazetelerde değil, günlük yaşamımızda görülmesi gerekir.

İlişki günlük yaşamın zorluğudur. Siz, ben ve bir başkası birbirimizle nasıl karşılaşacağımızı bilmezsek, savaşı besleyen koşulları yaratırız. Öyleyse dünya sorunu sizin sorununuzdur. Siz dünyadan farklı değilsiniz. Dünya sizsiniz. Siz neyseniz, dünya da odur. Kendiniz olan dünyayı din denen inanç, sol, sağ ya da, ne kadar kapsamlı olursa olsun, yenilikler aracılığıyla değil, yalnızca günlük yaşamınızdaki ilişkiyi anlayarak kurtarabilirsiniz. Bir uzmana, ideolojiye ya da yeni bir lidere umut bağlanmamalıdır. Umut sizsiniz.

Sınırlı bir çevrede sıradan bir yaşam sürerek dünyadaki var olan krizi nasıl etkileyebileceğinizi sorabilirsiniz. Yapabileceğinize inanmazsınız. Var olan kavga sizin ve bir başkasının yarattığı geçmişin sonucudur. Siz ve başkası var olan ilişkiyi kökten değiştirinceye kadar yalnızca daha fazla sefalet yaratırsınız. Bu, aşırı yalınlaştırma değildir. Bütünüyle içine girecek olursanız bir başkasıyla ilişkiniz ilerlediğinde dünya çapında çatışmaya ve düşmanlığa neden olduğunu göreceksiniz.

Dünya sizsiniz. Bireyin, başka deyişle sizin, dönüşümü olmaksızın dünyanın köklü bir evrim geçirmesi olanaksızdır. Bireyin dönüşüm geçirmediği toplumsal bir düzende devrim yalnızca daha fazla çatışma ve felaket yaratır. Çünkü toplum sizin, benim ve bir başkası arasındaki ilişkidir. Bu ilişkide köklü bir devrim yapılmadığı sürece barış için harcanan bütün çaba, ne kadar devrimci olursa olsun, yalnızca bir iyileşme getirmekten öteye geçemeyecek, dolayısıyla geriye dönülecektir.

Ortak gereksinime dayanan ilişki yalnızca çatışma yaratır. Birbirimize ne kadar bağımlı olursak olalım, birbirimizden bir amaç, bir hedef için yararlanırız. Bir hedefe dayalı ilişki ilişki değildir. Siz benden yararlanabilirsiniz, ben de sizden yararlanabilirim. Bu kullanım sırasında birbirimizle teması kaybederiz. Ortak kullanıma dayalı toplum, şiddetin temelini oluşturur. Birbirimizden yararlandığımızda yalnızca ulaşılacak hedefi görürüz. Hedef, kazanç, ilişkiyi ve bağ kurmayı önler. Bir başkasından yararlanma ne kadar hoşnut edici ve rahatlatıcı olursa olsun, korku her zaman vardır. Bu korkuyu önlemek için sahiplenmemiz zorunludur. Bu sahiplenmeden de kıskançlık, kuşku ve sürekli çatışma doğar. Böyle bir ilişki hiçbir zaman mutluluk getirmez.

Yalnızca fizyolojik ya da psişik gereksinimlere dayanan bir toplum yapısı çatışmayı, karmaşayı ve sefaleti mutlaka besler. Toplum gereksinim ve yararlanmanın baskın olduğu, sizin bir başkasıyla ilişkinizin yansımasıdır. Bir başkasından fiziksel ya da psişik gereksinimiz için yararlandığınızda aslında ilişki kesinlikle yoktur; karşınızdakiyle hiçbir temasınız, hiçbir bağınız yoktur. Bir başkası sizin yararınız ve rahatınız için mobilya gibi kullanıldığında, onunla nasıl bağınız olabilir? Öyleyse günlük yaşamda ilişkinin önemini anlamak zorunludur.

İlişkiyi anlamıyoruz; varlığımızdan, düşüncelerimizden, etkinliklerimizden oluşan sürecin tamamı ilişkiyi önleyen soyutlanmayı yaratır. Hırslı, kurnaz, inanan bir kişi başkasıyla ilişki kuramaz. Ancak bir başkasını kullanır, bu da karmaşa ve düşmanlık yaratır. Bu karmaşa ve düşmanlık bugünkü toplumsal yapımızda vardır; bir başkasına yaklaşımımızda kökten bir devrim olmadığı sürece bunlar belli bir düzen içinde yaşayan her toplumda olacaktır. Başkasından ne kadar soylu olursa olsun, bir amaç için yararlanıyorsak, şiddet ve düzensizlik kaçınılmaz olarak yaşanacaktır.

Siz ve ben kendimizde fiziksel ya da psişik ortak gereksinimlerimize dayanmayan köklü bir devrim yaparsak, başkasıyla olan ilişkimiz köklü bir dönüşüm geçirmiş olmaz mı? Bizim yaşadığımız zorluk, yeni örgütlenmiş bir toplumun nasıl olması ve bizim de kendimizi bu modele nasıl uydurmamız gerektiğine ilişkin bir tablonun zihnimizde önceden kurgulanmış olmasıdır. Bu modelin kurmaca olduğu bellidir. Oysa gerçek olan aslında bizim ne olduğumuz, ne olduğumuzdan ne anladığımızdır, bu da günlük ilişkilerimizin aynasında net bir biçimde görülür. Modeli izlemek yalnızca daha fazla çatışma ve karmaşa yaratır.

Var olan toplumsal düzensizlik ve sefalet kendi kendini çözüme kavuşturmalıdır. Oysa siz, ben ve bir başkası ilişkinin hakikatini görebiliriz ve görmeliyiz, böylece ortak gereksinime ve hoşnutluğa dayanmayan yeni bir hareket başlatabiliriz. İlişkimizi kökten değiştirmeden var olan toplum yapısında yalnızca yenilik yapma geriye gitmek demektir. İnsandan belli bir hedef doğrultusunda yararlanmayı koruyacak bir devrim, ne kadar gelecek sözü verirse versin, daha fazla savaşa ve dile getirilmeyen sıkıntıya neden olacaktır. Hedef bizim koşullanmamızın yansımasıdır. Bu ne kadar gelecek sözü verirse versin, ne kadar ütopik olursa olsun, hedef ancak daha çok karmaşa ve acı yaratır. Hepsinde önemli olan, yeni modelleri, yeni yüzeysel değişimleri değil, insanın geçtiği, sizin geçtiğiniz bütün süreçleri anlamaktır.

Kendinizi soyutlanmışken değil, ilişki içindeyken anlama sürecinde sizin psişik mutluluğunuzun aracı olarak bir başkasından yararlanmanın bittiği, derin, uzun soluklu bir dönüşümün başladığını göreceksiniz. Önemli olan nasıl davranılacağı, hangi modelin izleneceği ya da hangi ideolojinin en iyisi olduğu değil, bir başkasıyla ilişkinizi anlamaktır. Bu anlayış tek devrimdir ve herhangi bir fikre dayanmaz. Bir ideolojiye dayanan her türlü devrim insanı yalnızca aracı olarak tutar.

İç her zaman dışa baskın çıktığı için, kendiniz olan psişik sürecin tamamını anlamadan düşünme hiçbir temele dayandırılamaz. Bir hareket modeli yaratan her türlü düşünce, yalnızca daha çok cehalet ve karmaşaya neden olacaktır.

Yalnızca tek bir köklü devrim vardır. Bir başkasından yararlanma gereksinimi ortadan kalktığında bu devrim yaşam bulur. Bu dönüşüm bir soyutlanma, arzulanacak bir şey değildir; ilişkimizin doğasını anlamaya başladıkça deneyimlenecek bir gerçekliktir. Bu köklü devrime sevgi denebilir; bu kendimizde, dolayısıyla toplumda dönüşüme neden olacak tek yaratıcı etkendir.

Bombay, 9 Mart 1955

Soran: Korkudan nasıl kurtulabilirim?

Krishnamurti: Korku nedir? Korku kendi başına yoktur, yalnızca bir şeyle ilişkili olduğunda vardır. Korku bir fikrin, bir insanın, bir eşyanın kaybı, vb. ile ilişkili olarak ortaya çıkar. İnsan bilinmeyen bir şey olan ölümden korkabilir. Toplumun görüşünden, insanların diyeceklerinden, işini kaybetmekten, azarlanmaktan ya da rahatsız edilmekten korkulur. Korkunun derin ya da yüzeysel çeşitli biçimleri vardır, ama bütün korkular bir şeyle ilişkilidir. Öyleyse "Korkudan kurtulabilir miyim?" diye sorduğumuzda aslında bu "İlişkiden kurtulabilir miyim?" demektir. Anlıyor musunuz? Korkuyu yaratan ilişkiyse, insanın korkudan kurtulup kurtulamayacağını sormak, insanın soyutlanarak yaşayıp yaşayamayacağını sormak gibidir. Kimse bunu yapamaz. Soyutlanarak yaşamak diye bir şey yoktur, insan yalnızca ilişki içinde yaşayabilir. Öyleyse korkudan kurtulabilmek için insan ilişkiyi, zihnin kendi fikirleriyle, belli değerlerle olan ilişkisini, karıyla kocası, insanla eşyası, insanla toplum arasındaki ilişkiyi anlamalıdır. Ben sizinle olan ilişkimi anlarsam, korku kalmaz, çünkü korku tek başına olmaz. İlişkide kendiliğinden yaratılır. Öyleyse bizim sorunumuz korkunun nasıl yenileceği değil, ilk önce ilişkimizin ne olduğunu, doğru ilişkinin ne olduğunu anlamaktır. Doğru ilişkiyi kurmak zorunda değiliz, çünkü ilişkinin ne olduğu anlaşıldığında doğru ilişki kendiliğinden ortaya çıkar.

Hiçbir şeyin soyutlanarak yaşayamayacağını anlamanın önemli olduğunu düşünüyorum. Bir keşiş ya da münzevi olsanız, örtülere sarınıp inzivaya çekilseniz, kendinizi inançla soyutlasanız bile hiçbir insanoğlu soyutlanarak yaşayamaz. Zihin yine de "benim deneyimim", "benim inancım", "benim karım", "benim kocam", "benim malım" gibi bir dışlama süreci ile kendini kuşatarak soyutlanma arayışındadır. Zihin bütün ilişkilerinde soyutlanma arar, dolayısıyla korku vardır. Öyleyse bizim sorunumuz ilişkiyi anlamaktır.

İlişki nedir? "İlişkiliyim" dediğinizde bu ne demektir? Temas, kan, kalıtım aracılığıyla salt fiziksel ilişkinin dışında, ilişkimiz fikirlere dayalıdır, değil mi? Olanı inceliyoruz, olması gerekeni değil. Şimdiki ilişkimiz fikirlere dayanır, ilişki olduğunu düşündüğümüz fikirlere, fikre dönüştürmeye dayanır. Başka deyişle, her şeyle olan ilişkimiz bir bağımlılık durumudur. Ben belli bir fikre inanırım, çünkü o inanç beni rahatlatır, güvenlik duygusu verir, kendimi iyi hissetmemi sağlar; düşüncelerimi disiplin altına alma, denetleme, bir çizgide tutma aracı görevini görür. Öyleyse benim o fikirle olan ilişkim bağımlılığa dayanır, benim ona olan inancımı yok ederseniz yolumu şaşırırım, nasıl düşüneceğimi, nasıl değerlendireceğimi bilemem. Tanrı inancı olmaksızın ya da Tanrının olmadığı fikriyle kendimi güvensiz hissederim, o yüzden de o inanca tutunurum.

Birbirimizle olan ilişkimiz de bir tür psişik bağımlılık değil midir? Bütünüyle farklı olan fizyolojik bağımlılıktan söz etmiyorum. Oğluma bağımlıyımdır, çünkü onun benim olmadığım biri olmasını isterim. Bütün umutlarımı, arzularımı gerçekleştirecektir; o benim ölümsüzlüğüm, benim sürekliliğimdir. Öyleyse oğlumla, karımla, çocuklarımla, komşularımla olan ilişkim bir tür psişik bağımlılıktır, hiçbir bağımlılığın olmadığı bir duruma düşmekten korkarım. Bunun ne demek olduğunu bilmem, o nedenle kitaplara, ilişkiye, topluma bağımlı olurum; mala bağımlı olurum, çünkü bu bana güvenlik, konum, saygınlık sağlar. Bunların hiçbirine bağımlı olmazsam, o zaman deneyimlediklerime, düşüncelerime kendi arayışlarımın büyüklüğüne bağımlı olurum.

Öyleyse ilişkilerimiz psişik açıdan bağımlılığa dayanır, bu nedenle de korku vardır. Sorun nasıl bağımlı olmamak gerektiği değildir, bizim bağımlı olduğumuz olgusunu anlamaktır. Bağlanmanın olduğu durumda sevgi yoktur. Nasıl sevileceğini bilmediğiniz için bağımlı olursunuz, dolayısıyla korku oluşur. Önemli olan bu olguyu görmek, nasıl sevileceğini ya da korkudan nasıl kurtulunabileceğini sormamaktır. Radyo dinlemekten kutsal metinleri okumaya, tapınağa ya da kiliseye gitmeye kadar çeşitli eğlencelerle korkunuzu geçici olarak unutabilirsiniz, ama bunların hepsi kaçıştır. İçki içen bir insanla dini kitaplara yönelen bir adam, Tanrının sözde evine gidenlerle sinemaya gidenler arasında pek fark yoktur, çünkü bunların hepsi kaçıştır. Oysa dinledikçe ilişkide bağımlılığın olduğu durumlarda korkunun, üzüntünün olması gerektiği, bağlanmanın olduğu durumlarda sevginin olmadığı olgusunu gerçekten anlayabilirseniz, şimdi dinlerken de o yalın olguyu görebilir, anında anlayabilirseniz, olağandışı bir şeyin gerçekleştiğini fark edeceksiniz. Karşı çıkmadan, kabul etmeden, fikir belirtmeden, ondan bundan alıntılar yapmadan bağlanmanın olduğu durumda korkunun olduğu olgusunu yalnızca dinleyin. Ben psişik bağımlılıktan söz ediyorum, sütünüzü getiren sütçüye ya da demiryoluna, bir köprüye bağımlılığınızdan değil. Korkuyu besleyen bu fikirlere, insanlara, mala içten gelen psişik bağımlılıktır. Öyleyse ilişkiyi anlamadıkça korkudan kurtulamazsınız, ilişki de ancak, kendinin bilgisinin başlangıcı olan bütün ilişkileri inceleme süreciyle anlaşılabilir.

Bütün bunları kolaylıkla, çaba harcamadan dinleyebiliyor musunuz? Çaba ancak siz bir şeyi elde etmeye çalıştığınızda, bir şey olmaya çalıştığınızda ortaya çıkar. Oysa korkudan kurtulmaya çalışmadan, bağlanmanın sevgiyi yıktığı olgusunu dinleyebiliyorsanız, o zaman bu olgu zihninizi anında korkudan kurtarır. İlişki anlaşılmadığı sürece, aslında gerçekte kendinin bilgisi olmadığı sürece korkudan kurtuluş yoktur. Kendi ancak ilişkide ortaya çıkar. Komşumla konuşma biçimimi, mala, inanca, deneyime, bilgiye tutunma biçimimi gözlemlerken, başka deyişle kendi bağımlılığımı keşfederken, kendinin bilgisi sürecini tamamıyla uyandırmaya başlarım.

Öyleyse önemli olan korkunun nasıl üstesinden gelineceği değildir. Bir içki içip unutabilirsiniz. Kiliseye ya da tapınağa gidip yere kapanarak, sözcükler mırıldanarak ya da adak adayarak kendinizi kaybedebilirsiniz, ama dışarı çıktığınızda korku sizi köşe başında bekler. Ancak her şeyle olan ilişkinizi anladığınızda korku sona erer, kendinin bilgisi olmazsa bu anlayış ortaya çıkmaz. Kendinin bilgisi çok uzakta değildir; başkalarına, karınıza, çocuklarınıza karşı nasıl davrandığınızı gözlemleyerek şimdi, burada başlar. İlişki kendinizi olduğunuz gibi gördüğünüz bir aynadır. Kendinize herhangi bir değerlendirme yapmadan olduğunuz gibi bakabiliyorsanız, o zaman korku sona erer, yerine olağandışı bir sevgi duygusu gelir. Sevgi yetiştirilemez; sevgi zihnin satın alabileceği bir şey değildir. "Şefkatli olma alıştırması yapacağım" derseniz, o zaman şefkat zihne özgü bir şey olur, dolayısıyla sevgi değildir. İlişkinin geçtiği bütün süreci anladığımızda sevgi esrarengiz bir biçimde, bilmeden, tam olarak ortaya çıkar. O zaman zihin sessizdir, yüreği zihne özgü şeylerle doldurmaz, dolayısıyla sevgi denen şey ortaya çıkar.

Colombo, 13 Ocak 1957

Niyetinizde ciddiyseniz, kendiniz ile konuşmacı arasındaki ilişkiyi anlamanız gerekir. Bunu size kimse öğretemez, tam tersine birey olarak siz ve ben bunu öğreneceğiz; öğretmenle öğretilen arasında ayrım yoktur. Böyle bir ayrım etiğe, tinselliğe, dine aykırı olur. Lütfen bunu çok iyi anlayın. Dogmatik ya da ısrarcı değilim. Siz ve konuşmacı arasındaki ilişkiyi anlamadığımız sürece yanlış konumda kalacağız. Bana göre yalnızca öğrenme vardır, bilen ve bilmeyen kişiler değil. Biri bildiğini söylediği anda bilmiyordur. Hakikat bilinmez. Bilinen geçmişe aittir; zaten ölmüştür. Hakikat durağan değildir, yaşar; öyleyse hakikati bilemezsiniz. Hakikat sürekli hareket halindedir, adresi yoktur, bir inançla, bilgiyle, belirli bir koşullandırmayla bağlanmış zihin hakikatin ne olduğunu anlayamaz.

*

Kendinin bilgisi bilgeliğin başlangıcıdır. Bu kendinin bilgisi kitaplardan toplanamaz, ama karınızla, kocanızla, çocuklarınızla, patronunuzla, otobüs şoförüyle olan günlük ilişkinizi gözlemleyerek bunu kendiniz bulabilirsiniz. Bir başkasıyla olan ilişkinizde kendinizin farkına vararak zihninizin çalışma biçimini keşfedersiniz ve bu kendinizi anlayış koşullanmadan kurtulmanın başlangıcıdır. Bunun daha derinine inecek olursanız, zihin çok sessizleşir, gerçekten dinginleşir. Bu dinginlik disiplin altına alınmış, tutulmuş, denetlenmiş bir zihnin dinginliği değil, ilişkinin anlaşılmasıyla zihnin bencillik merkezi olmaktan çıktığı zamandaki dinginliğidir. Böyle bir zihin, zihnin sınırlarının ötesindekileri seyredebilir.

Londra, 18 Mayıs 1961

Bence çoğumuz yalnızlığın ne olduğunu biliyor. İlişki kesildiği, gelecek ya da geçmiş duygusu olmadığı, tam bir soyutlanma duygusu yaşandığı zamanki durumu biliyoruz. Bir çok insanla birlikte kalabalık bir otobüste olabilir ya da arkadaşınızın, kocanızın, karınızın yanında oturuyor olabilirsiniz, birdenbire bu dalga; dehşete düşüren kara bir dipsizlik, bir yoksunluk, bir boşluk duygusu üstünüze gelir. İçgüdüsel olarak anında verilen karşılık ondan kaçmaktır. Radyoyu açarsınız, gevezelik edersiniz, bir topluluğa katılırsınız ya da Tanrı, hakikat, sevgi ve başka her şey hakkında vaaz verirsiniz. Tanrı ya da sinema aracılığıyla kaçabilirsiniz; bu kaçışların hepsi aynıdır. Karşılık da bu bütünüyle soyutlanma duygusundan korkup kaçmaktır. Uğruna savaşmayı, çabalamayı, ölmeyi göze aldığınız milliyetçilik, ülkeniz, çocuklarınız, adınız, malınız, bütün bu kaçış yollarını bilirsiniz.

Bütün kaçışların aynı olduğunun farkına varırsanız ve bir kaçışın önemini gerçekten anlarsanız, yine de kaçabilir misiniz? Yoksa hiç kaçış yok mudur? Kaçmıyorsanız, yine de çatışma var mıdır? İzliyor musunuz? Çatışmayı yaratan "olan"dan kaçma, "olan"dan başkasına ulaşma çabasıdır. Öyleyse bu yalnızlık duygusunun ötesine, kıskançlığı, açgözlülüğü, erdemli olma çabasını, vb. kapsayan ilişkinin bütün anısının birdenbire sona ermesinin ötesine geçebilen bir zihin, her tür korkunun silinip gitmesi için öncelikle bununla yüzleşmeli, bunu yaşamalıdır. Dolayısıyla zihin bir kaçıştan bütün kaçış yoluyla yararsızlığını görebilir mi? O zaman hiç çatışma olmaz, değil mi? Çünkü yalnızlığı gözlemleyen yoktur; yalnızlık deneyimlenir. İzleyebiliyor musunuz? Bu yalnızlık bütün ilişkinin sona ermesidir; fikirlerin artık hiçbir önemi kalmaz; düşünce önemini kaybeder. Ben bunu tanımlıyorum, ama lütfen yalnızca dinlemeyin, çünkü daha sonra size yalnızca külleri kalacaktır. Bu tartışmaların amacı, insanı bütün bu korkunç karmaşıklıktan kurtarmak, yaşamda korkudan, bıkkınlıktan ve varoluşun verdiği sıkıntıdan başka bir şeye sahip olmaktır.

Korkunun olmadığı yerde güzellik vardır; şairlerin sözünü ettiği, ressamların resmettiği vb. güzellik değil, bu güzellik çok daha farklıdır. Bu güzelliği keşfetmek için insanın bu eksiksiz soyutlanma sürecinden geçmesi gerekir; aslında geçmeniz de gerekmez, o oradadır. Ondan kaçtınız, ama o hep oradadır, her zaman sizin peşinizden gelir. Oradadır, yüreğinizde ve zihninizde, varlığınızın en derinlerinde ve gizli yerlerindedir. Üzerini kapatmış, ondan kaçmış, uzaklaşmış olabilirsiniz, ama o oradadır. Zihin de bunu ateşte günahlarından arınma gibi deneyimlemelidir. Zihin hiçbir tepki vermeden, bunun korkunç bir durum olduğunu söylemeden bunu yapabilir mi? Tepki verdiğiniz an çatışma yaşanır. Bunu kabul ederseniz, yükünden yine de kurtulamazsınız, onu yadsısanız da köşe başında onunla yine karşılaşacaksınız. Hiçbir karşılık olmadığında zihin o yalnızlığın kendisidir; bunu deneyimlemesi gerekmez, o zaten *odur.* Deneyimleyip başka bir şeye ulaşmayı düşündüğünüz anda yine çatışma yaşarsınız. "Bunu nasıl deneyimleyeceğim, buna aslında nasıl yaklaşmalıyım?" dediğiniz anda yine çatışmaya yakalanırsınız.

Öyleyse boşluk vardır, hiçbir Ustanın, hiçbir gurunun, hiçbir fikrin, hiçbir etkinliğin yok edemeyeceği bu olağandışı yalnızlık vardır. Bunların hepsiyle oyalanmış, hepsiyle oynamışsınızdır, ama hiçbiri bu boşluğu dolduramaz; bu dipsiz bir kuyudur. Oysa deneyimlediğiniz anda dipsiz kuyu değildir. Anlıyor musunuz?

Gördüğünüz gibi zihin çatışmadan bütünüyle bağımsız olacak olsa, endişeden, korkudan ve kuruntudan bütünüyle özgür olacak olsa, hiçbir şeyle ilişki içinde olmama gibi olağandışı bir duygunun deneyimlenmesi gerekir. Bundan da yalnızlık duygusu doğar. Lütfen sizde olduğunu *hayal etmeyin*, oldukça zor bir iştir. Ancak tek başınalık duygusunda hiçbir korku yoktur, ölçülemeyene doğru bir gidiş vardır, çünkü o zaman hiçbir yanılsama, yanılsamayı yaratan kişi ya da yanılsamayı yaratacak güç yoktur. Çatışma olduğu sürece yanılsama yaratma gücü vardır, çatışmanın bütünüyle ortadan kalkmasıyla bütün korku da ortadan kalkar, öyleyse daha fazla arayış da yoktur.

Anlayabiliyor musunuz bilmiyorum. Sonuçta hepiniz buradasınız, çünkü arayış içindesiniz. İnceleyecek olursanız, neyi arıyorsunuz? Bütün bu çatışmanın, sefaletin, acının, ıstırabın, endişenin ötesinde bir şey arıyorsunuz. Bir çıkış yolu arıyorsunuz. Bizim neden söz ettiğimizi bir kişi anlayacak olsa, zihnin olağandışı bir hali olan bütün bu arayış bitecektir.

Yaşamın sürekli bir zorluklarla karşılaşma ve karşılık verme süreci olduğunu biliyorsunuz, değil mi? Dıştan gelen zorluklara—savaş, ölüm ve düzinelerle farklı zorluklara—karşılık veririz. Zorluklar hep yenidir, ama bizim karşılıklarımız her zaman eski, koşullanmış karşılıklardır. Bu söylediğim açıkça anlaşılıyor mu bilmiyorum. Zorluğa karşılık verebilmek için onu tanımam gerekir, değil mi? Tanısam da bu eskiye göredir, dolayısıyla eski olandır. Lütfen bu noktayı anlayın, çünkü biraz daha ileriye gitmek istiyorum.

Çok içe dönük bir insan için, dış zorlukların hiçbir önemi yoktur, ama o yine de kendi içsel zorluklarını ve karşılıklarını yaşamaktadır. Artık arayış içinde olmayan bir zihinden söz ettiğimden, zorluklar ve bunun sonucunda karşılık da yoktur. Bu, tatmin olmuş, hoşnut olmuş, her şeyi kabul eden bir hal değildir. Dış zorlukların ve karşılığın önemini, insanın kendine ve karşılığına verdiği içsel zorluğun önemini anlayıp, bütün bunların üzerinden aylar, yıllar sürmeden hızla geçtiğinizde, zihin artık çevre tarafından biçimlendirilemez; etki altında kalmaz. Bu olağandışı devrimi geçiren zihin, üzerinde hiçbir iz, hiçbir kök kalmaksızın her sorunla karşılaşabilir. Böylece bütün korku duygusu yok olur.

Bunun ne kadarını izleyebildiniz bilmiyorum. Gördüğünüz gibi dinlemek yalnızca işitmek değildir, dinlemek bir sanattır. Bunların hepsi kendinin bilgisinin bir bölümüdür, insan gerçekten dinleyip derinlemesine konunun içine girdiyse, bu arınmadır. Arınmış olan, kiliselerin kutsamasından farklı bir biçimde kutsanır.

Madras, 9 Ocak 1966

Yaşamımız, günlük yaşamımız ilişkilerden oluşur. Yaşamak bir ilişkidir. İlişkili olmak yalnızca fiziksel değil, psişik, duygusal ve entelektüel temas anlamına da gelir. İlişki ancak çok büyük şefkat olduğunda olabilir. Aramızdaki yalnızca entelektüel, sözel bir bağ ise, ben sizinle ilişkide değilim, siz de benimle ilişkide değilsiniz demektir; bu da ilişki değildir. İlişki ancak bir temas, bir iletişim, bir bağ olduğunda olabilir. Bunların hepsi büyük bir şefkat göstergesidir.

Aslında ilişki çok karmaşık, mutsuz, çelişkili ve soyutlanmıştır, herkes kendi için, kendi çevresinde, kendi içinde yaklaşılamayacak, çevrilmiş bir bölge yaratır. Ne olduğunuza bir bakın, ne olmanız gerektiğine değil, ne olduğunuza bir bakın. Hepinizin bir sürü engelleri, fikirleri, huyları, deneyimleri, üzüntüleri, kaygıları, endişeleri olduğu için siz, her biriniz öylesine ulaşılmazsınız ki. Günlük etkinlikleriniz sizleri her zaman soyutluyor; evli olsanız ve çocuklarınız olsa bile yine de bencil davranıyorsunuz. Öyleyse anne ile baba, onların çocuğu ile eşi, vb. arasında, toplum içinde ilişki neredeyse hiç yoktur.

Doğru ilişkiyi kuramazsak, yaşamlarımız bireysel olduğu kadar toplu olarak da sürekli bir savaş içinde olacaktır. Topluma hizmet eden ya da sosyalist bir kişi kimliğinizle kendinizi unutarak toplum için çalıştığınızı söyleyebilirsiniz, ama aslında kendinizi unutmuyorsunuz. Kendinizi daha büyükle, başka deyişle toplumla özdeşleştirerek kendinizi unutamazsınız. Bu, 'ben'in (me), kendinin harcandığı bir hareket değildir. Tam tersine, 'ben'in (me) daha büyükle özdeşleştirilmesidir, savaş böyle devam eder; toplumda, topluluktan söz eden ülkelerde bu çok açıktır. Komünist bir insan kendini sonsuza kadar toplulukla özdeşleştirmiştir. Bu topluluk 'ben' (me) olduğunda da bunun için savaşmaya, her türlü işkenceden ve disiplinden geçmeye isteklidir, çünkü dini yanı kuvvetli kişinin kendini Tanrı adını verdiği fikirle özdeşleştirmesi gibi kendini toplulukla özdeşleştirmiştir. Bu özdeşleştirme yine de 'ben'dir (me).

Öyleyse yaşam, gözlemlendiği biçimiyle, bir ilişkidir ve ilişki hareketine dayanır, değil mi? Ben sizinle, karınızla, kocanızla toplumun bir parçası olarak ilişkideyim. Benim sizinle ya da patronumla olan ilişkimin yarattığı hareket yalnızca benim için değil, toplum için de kazançlıdır; benim kendimi toplumla özdeşleştirme güdüm benim için de kazançlıdır. Lütfen buna dikkat edin; insan hareketlerini ortaya çıkaran güdüyü anlamalıdır.

Şu anki durumuyla yaşam aslında her gün yaşanan bir savaştır. Ara sıra neşe dalgalarının, ara sıra derin haz duygularının renk kattığı sürekli bir sefalet, bir karmaşadır. Öyleyse ilişkimizde köklü bir devrim olmazsa, savaş devam edecektir ve bu yolda hiçbir çözüm yoktur. Lütfen bunun farkına varın. Böylesi bir ilişki savaşında çıkış yoktur; yine de bunu yapmaya çalışırız. "İlişki değişmeli, ilişkimizin temeli değişmeli," demeyiz. Bununla birlikte, çatışma içinde olduğumuzdan çeşitli felsefe sistemleri, içki, cinsellik, entelektüel ve duygusal eğlencenin her türlü biçimi aracılığıyla kaçmaya çalışırız. Öyleyse ilişkimizde—ilişki bizim yaşamımız olduğuna göre, şimdiki durumuyla, "karımla", "topluluğumla", "patronumla" olan ilişkimde—içsel köklü bir devrim gerçekleşmediği sürece, ne yaparsanız yapın, isterseniz en soylu fikirlere sahip olun, Tanrı ve başka her şeyle ilgili sonsuza kadar konuşun, tartışın, bunların kesinlikle hiçbir anlamı yoktur, çünkü bunların hepsi bir kaçıştır.

O zaman sorun ortaya çıkar: Bir ilişki yaşarken ilişkimde köklü bir değişimi nasıl gerçekleştirebilirim? İlişkiden kaçamam. Kendimi hipnotize edebilirim, bir manastıra çekilebilir, kaçıp keşiş olabilirim, ama ilişkide hâlâ insan olarak var olurum. Yaşamak ilintili olmak demektir. Öyleyse anlamam ve değiştirmem gerekir. İlişkimde köklü bir değişikliği nasıl yapacağımı öğrenmem gerekir, çünkü sonuçta bu savaş çıkarır; bu ülkede Pakistanlılar ile Hindular, Müslümanlar ile Hindular, Araplar ile Museviler arasında yaşanan budur. Öyleyse tapınak, cami, Hıristiyan kiliseleri, Vedanta'yı tartışma, o ya da bu ya da başka sistemler aracılığıyla çıkış yolu yoktur. Siz insan olarak ilişkinizi kökten değiştirmedikçe çıkış yolu yoktur.

Şimdi şu sorun ortaya çıkıyor: Ben merkezli arayışlara ve hazza dayalı ilişkimi, soyut boyuttan kaçınarak nasıl değiştireceğim? Asıl soru budur. Doğru mu?

Bu, arzuyu ve hazzı gerçekten anlamak demektir; *anlamak*, yüzyıllardan beri yaptığınız gibi "Arzuyu bastırmalıyım, hazdan kurtulmalıyım"—"Arzusuz çalışmalısınız"—ben bunun ne anlama geldiğini bilmiyorum—"Arzusuz olmalısınız"—denmemelidir, bunun hiçbir anlamı yoktur, çünkü arzu doluyuz, arzu ile yanıp tutuşuyoruz. Arzuyu bastırmanın anlamı yoktur; o hâlâ şişelenmiş orada durmaktadır, şişeyi mantarla tıkarsınız, kendinizi arzuya karşı disiplin altına alırsınız. Ne olur? Sert, acımasız bir insan olup çıkarsınız!

Öyleyse insan arzuyu da, hazzı da anlamalıdır, çünkü bizim içsel değerlerimiz ve yargılarımız öyle büyük, olağanüstü ilkelere değil, hazza, yalnızca hazza dayanır. Tanrıyı istersiniz, çünkü o size hiçbir anlamı olmayan bu tekdüze, çirkin, aptal yaşamdan kaçmada daha büyük zevk verir. Öyleyse yaşamlarımızın etkin ilkesi hazdır. Hazzı başınızdan atamazsınız. Günbatımını izleme, ışık vuran yaprakları izleme, bunun güzelliğini, o anın hassaslığını görme bir sevinç duygusudur, içinde müthiş bir güzellik yatar. Hazzı yadsıdığımız, bastırdığımız için bütün güzellik duygusunu kaybettik. Yaşamımızda hiçbir güzellik yok; aslında hiç güzellik yok, tat bile yok. Tat alma öğrenilebilir, ama güzelliği öğrenemezsiniz. Güzelliği anlamak için hazzı anlamanız gerekir.

Öyleyse hazzı anlamamız gerekir, anlamının ne olduğunu, nasıl ortaya çıktığını, doğasının ne olduğunu, yapısını anlamalıyız, ama onu *yadsımamalıyız*. Kendimizi kandırıp "Benim değerlerim kutsal değerlerdir. Soylu ideallerim vardır," demeyelim. İyice derinlere inip kendinizi dinlediğinizde, değerlerinizin, fikirlerinizin, dış görünüşünüzün, davranışınızın hepsinin hazza dayandığını anlayacaksınız. Öyleyse bunu inceleyeceğiz. Bunu yalnızca sözel ya da entelektüel düzeyde yapmayacağız, aslında hazza nasıl bakacağımızı, doğru yeri, yanlış yeri, buna değip değmediğini öğreneceğiz. Bunun çok yakından incelenmesi gerekir.

Hazzı anlamak için arzu konusuna girmemiz gerekir. Arzunun ne olduğunu, nasıl geldiğini, arzunun sürmesini neyin sağladığını ve arzunun hiç bitip bitmeyeceğini öğrenmemiz gerekir. Nasıl ortaya çıktığını, sürekliliğini nasıl sağladığını ve hiç bitip bitmeyeceğini—olması gerektiği gibi—öğrenmemiz gerekir. Ne olduğunu gerçekten anlamazsak, böyle arzusuzmuş gibi davranmanın, arzusuz olmaya çalışmanın hiçbir anlamı yoktur; böyle bir çaba zihninize zarar verir, çarpıtır, varlığınızı sarıp sarmalar. Anlaşılacak ne varsa anlamak için, çarpıtılmış, denetlenen, biçimlendirilmiş, berraklığını kaybetmiş bir zihne değil, çok sağlıklı, akıllı, berrak bir zihne gereksinimimiz vardır.

Öyleyse arzunun nasıl ortaya çıktığını bulacağız. Lütfen buna dikkat edin, çünkü farklı bir konuya giriyoruz. Bu incelemenin bizi nereye götüreceğini anlamak için baştan başlamanız gerekir. Bunu inceleme becerisini gösteremezseniz, onu anlayamazsınız ya da inceleyemezsiniz. Dolayısıyla, "Bunu atlıyorum" demeyin.

Arzunun nasıl ortaya çıktığını anlamanın oldukça kolay olduğunu biliyorsunuz. O güzel günbatımını görüyorum. O görüş, o güzelliği görüş, onun rengi, yaprakların gökyüzü karşısında narinliği, karanlıktaki dal bende bakmayı sürdürme arzusu uyandırıyor. Bu algılama, duyum, temas ve arzudur. Doğru mu? Aslında çok karmaşık bir şey değil. Çok güzel, iyi cilalanmış, temiz hatlı bir araba görüyorum—algılama. Dokunuyorum—duyumsama. Ondan sonra arzu. Güzel bir yüz görüyorum ve bütün arzu, şehvet, tutku düzeneği işlemeye başlıyor. Son derece yalın.

Daha karmaşık olan bir sonraki soru şudur: Arzunun sürmesini, sürekliliğini sağlayan nedir? Bunu anlayabilirsem arzuya nasıl yaklaşacağımı bilirim. İzleyebiliyor musunuz? Arzu sürekli olduğunda sorun başlar. Sonra arzuyu karşılamak için savaşırım, sonra da daha fazlasını isterim. Arzudaki zaman öğesini bulabilirsem, ona nasıl yaklaşacağımı bilirim. Daha derinlere ineceğiz. Size göstereceğim.

Arzunun nasıl oluştuğunu görüyoruz: arabayı, günbatımını, güzel bir yüzü, tapılası ideali, olağanüstü insanı görerek. (Sözcüğün kendisi insanı yadsır.) Arzunun nasıl oluştuğunu görüyoruz. Arzuya gücü, kuvveti, sürekliliği sağlayanın ne olduğunu inceleyeceğiz: Sürekliliği sağlayan nedir? Bunun düşünce olduğu açıktır. Arabayı görüyorum, büyük bir arzu duyuyorum ve "Benim olmalı," diyorum. Düşünce, onun hakkında düşünmeyi, onun sürekliliğini sağlar. Süreklilik, o arzuyu düşünmekten türeyen hazla gelir. Doğru mu? Mimari ve işlevsel açıdan mükemmel, güzel bir ev görüyorum ve arzu ortaya çıkıyor. Ondan sonra düşünce gelip "Keşke benim olsaydı," diyor. Sonra da çabalamaya başlıyorum. Bütün sorun burada başlıyor. Yoksul bir adam olduğum için o ev benim olamaz; o zaman düşkırıklığı yaşayıp nefret ediyorum ve her şey yeni baştan başlıyor. Öyleyse haz alarak düşünce arzuya karıştığı anda sorun ortaya çıkıyor. Hazza dayalı düşünce arzuya karıştığı anda çatışma, düşkırıklığı, savaş başlıyor.

Öyleyse zihin, arzunun ve düşüncenin bütün yapısını anlayabilirse, biz arzuyla nasıl ilgileneceğimizi biliriz. Başka deyişle, düşünce arzuya karışmadığı sürece, arzu bir süre sonra biter. Anlıyor musunuz? Bakın! Güzel bir ev görüp çok hoş olduğunu söyleyebilirim. Bunda yanlış olan bir şey var mı? Evin oranları iyi ayarlanmıştır ve ev temizdir. Ama düşünce, "O eve sahip olup içinde yaşamak ne iyi olurdu," dediği anda bütün sorun başlar. Öyleyse arzu yanlış değildir, arzu hiçbir zaman yanlış değildir, ama düşünce arzuya karıştığında sorun yaratır. Öyleyse arzu ve düşünceyi anlama yerine, arzuyu bastırmaya, denetim ya da disiplin altına almaya çalışırız. Doğru mu?

Yalnızca dinleme düzeyinde değil, konuşmacının uğraştığı kadar çok çabalayarak hepsini izlediğinizi umuyorum. Yoksa paylaşamazsınız. Yalnızca bir kulağınızla dinledikleriniz öbür kulağınızdan çıkar gider; hepimizin yaptığı budur. Dinlemek dikkatli olmaktır. Bunu gerçekten bütün yüreğinizle dinlerseniz anlayacaksınız ve o zaman yaşamın ne olduğunu, bütünüyle farklı bir yaşama biçimi olduğunu anlayacaksınız.

Öyleyse biz düşünme düzeneğini inceliyoruz. Düşünme düzeneği temelde hazza dayanır; sevgi ve nefretten oluşur. Hazzın içinde acı her zaman vardır. Kesinlikle! Acı çekmek istemem, ama hazzın tutarlı bir sürekliliği olsun isterim. Acıyı bir kenara atmak isterim. Ama acıyı bir kenara atmak için, hazzı da bir kenara atmam gerekir; ikisi birbirinden ayrılamaz, ikisi bir bütündür. Öyleyse düşünmeyi anlayarak, haz ilkesinin yıkılıp yıkılamayacağını öğreneceğim. Anlıyor musunuz?

Bizim düşünmemiz hazza dayalıdır. Yalnızca fiziksel olarak değil, içsel olarak da çok acı, çok sıkıntı, çok endişe, korku, dehşet, umutsuzluk yaşamışsak da, bunların hepsi haz duyarak yaşama ve bütün değerleri kurma isteğinin sonucunda ortaya çıkar. Bu da hazsız yaşamanız ya da hazzın keyfini çıkarmak anlamına gelmez. Zihnin ve beynin hazza dayanan bütün yapısını anlarken, arzuya nasıl bakmamız gerektiğini ve nasıl karışmamamız gerektiğini, dolayısıyla karmaşayı ve karmaşanın uzamasından doğabilecek sıkıntının nasıl bitirilebileceğini bileceğiz. Doğru mu?

Düşünce mekaniktir. Çok iyi bir bilgisayardır. Çok şey öğrenmiştir, birçok deneyimi olmuştur, bunlar yalnızca bireye ya da topluluğa özgü değil, insana özgüdür. Bu hem bilinçtedir, hem de bilinçdışıdır. Bilincin tamamı bütün düşünme sonucunda geriye kalandır, onun düzeneğidir. O düşünme de yalnızca öykünme ve uygunluğa değil, her zaman hazza dayanır. Haz aldığım için uyarım, haz aldığım için birini izlerim; haz aldığım için "Yanlış söylüyor," derim. "Benim ülkem, ülkem için ölmek istiyorum," derim, çünkü bundan haz duyarım, bu da güvenlikten, vb. alacağım daha büyük hazza dayanır.

Öyleyse düşünce mekaniktir. Bütün gurularınız, öğretmenleriniz, filozoflarınız dahil, kimin düşüncesi olduğu önemli değildir. Bu, birikmiş belleğin yanıtıdır; bu belleğin derinliklerine inecek olursanız, bu bellek de haz ilkesine dayanır. Atman'a, ruha ya da neye inanırsanız inanın; bu konunun derinine indiğinizde haz olduğunu anlayacaksınız! Yaşam öylesine belirsizdir ki, ölüm vardır, korku vardır, bundan çok daha derin bir şey olduğunu umarsınız ve ona bir ad vermek size çok yoğun bir rahatlık verir, o rahatlık da hazdır. Dolayısıyla ne kadar karmaşık, ne kadar ince, size göre ne kadar özgün olursa olsun, düşünce düzeneği bu ilkeye dayanır.

Öyleyse bunu anlamanız gerekir, anlama da ancak bütünüyle dikkati vererek gerçekleşebilir. Söyleneni bütün dikkatinizle dinlediğinizde, onun doğruluğunu ya da yanlışlığını anında anlayacaksınız. Bu, olgulara dayandığı için yanlış bir şey yoktur. Biz tartışabileceğimiz, sizin ya da başkasının sanılarınıza dayalı fikirlerle değil, olgularla ilgileniyoruz. Bunlar, ne kadar çirkin ya da ne kadar güzel olursa olsun, olgulardır. Yüzyıllardır düşünüp kendi kendimize, "Düşünce her şeyi değiştirebilir," dedik. Düşünce hazza dayanır, irade de hazzın sonucudur, sonra da "Ona dayanarak biz her şeyi değiştireceğiz," deriz. İncelediğinizde, bu haz ilkesini anlamadığınız sürece hiçbir şeyi değiştiremeyeceğinizi bulacaksınız.

Bütün bunları anladığınızda, çatışma sona erer. Siz çatışmayı bilerek bitirmezsiniz, çatışma sona erer, bu da sizin ot gibi olacağınız anlamına gelmez. Arzuyu anlamanız, günlük işleyişini gözlemlemeniz, arzuya zaman öğesi katan düşüncenin araya girmesini izlemeniz gerekir. Bunu incelerken ve anlarken içkin bir disiplin vardır. Bakın! Söyleneni dinleme disiplin gerektirir; bu, yalnızca sözel olarak değil, içe yönelik, derinden, belli bir kalıba bağlı kalmadan dinlenmelidir. Dinleme kuşkusuz disiplinin kendisidir—değil mi?

Zihin hazzın, düşüncenin, arzunun doğasını anladığında incelemenin kendisi disiplini beraberinde getirir. Dolayısıyla teslim olma, teslim olmama/gereklidir, gerekli değildir ortadan kalkar; hepsi yok olur. Bu karın ağrısı çektiren bir şey yemek gibidir. Dilin aldığı haz ağrıdan fazlaysa yemeye devam edersiniz, bir yandan da sürekli, "Yememeliyim," dersiniz. Kendi kendinizi kandırır, ama yemeye devam edersiniz. Oysa ancak ağrı arttığında ne yediğinize dikkat edersiniz. Bunun yerine ağrı ilk başladığında dikkatli olsaydınız, haz ile ağrı arasındaki çatışma için hiçbir neden olmazdı. İzliyor musunuz?

Bunların hepsi bizi bir noktaya getirir: İnsan bütünüyle kendine ışık tutmalıdır. Bizlerse böyle yapmayıp başkalarına güveniyoruz. Siz dinlerken ne yapacağınızı söylemesi için konuşmacıya güveniyorsunuz. Oysa çok dikkatli dinlerseniz, konuşmacı size ne yapacağınızı söylemiyor. Konuşmacı sizden incelemenizi istiyor; nasıl inceleyeceğinizi ve incelemede neyin belirtildiğini söylüyor. Çok dikkatli incelerseniz, bağımlı olmaktan kurtulup kendi kendinize ışık tutarsınız. Bu bütünüyle tek başınasınız demektir.

Bizler tek başımıza değiliz; yalnızız. Sizler yüzyıllar boyunca oluşmuş kültürün, propagandanın, etkinin, çevrenin, yiyeceğin, giysinin, insanların söylediklerinin ve söylemediklerinin, vb. sonucusunuz; öyleyse tek başınıza değilsiniz. Siz bir sonuçsunuz. Kendinize ışık tutabilmek için tek başınıza olmanız gerekir. Toplumun, hazzın, çatışmanın bütün psişik yapısını bir yana bıraktığınızda tek başınıza olursunuz.

Bu tek başınalık dehşete düşülecek, acı verecek bir şey değildir. Soyutlanma olursa, yalnızlık olursa acı çekilir; o zaman endişe olur, korku olur. Tek başınalık bütünüyle farklıdır, çünkü tek başına kalan, etki altına alınamayacak olan zihindir. Bu da zihnin haz ilkesini anladığı ve dolayısıyla hiçbir şeyin ona dokunamayacağı anlamına gelir: Hiçbir şey, hiçbir pohpohlama, ün, yeti, yetenek ona dokunamaz. Böylesi tek başınalık şarttır.

Günbatımını dikkatle izlediğinizde tek başınasınız—değil mi? Güzellik her zaman tek başınadır—ama aptalca, soyutlayıcı anlamda değil. Bu, propagandanın, kişisel olarak sevilenlerin ve sevilmeyenlerin ötesinde, hazza dayalı olarak işlemeyen bir zihnin niteliğini gösterir. Zihin güzelliği yalnızca tek başınayken algılayabilir. Zihin, etki altına alınamadığı o olağandışı hale gelmelidir ki kendini çevresel koşullandırmadan, geleneklerin koşullandırmasından, vb. kurtarsın. Ancak böyle bir zihin tek başınalığıyla ilerleyerek sessizliğin ne olduğunu inceler ya da gözlemler. O bağrışan baykuşları ancak sessizlikte duyabilirsiniz. Kendi sorunlarınızla konuşuyorsanız, o baykuşları hiçbir zaman duyamazsınız. Sessizlik nedeniyle duyarsınız. Sessizlik nedeniyle hareket edersiniz. Hareket yaşamın ta kendisidir.

Arzuyu, hazzı, düşünceyi anladığınızda bütün yetkeyi bir yana bırakmış olursunuz, çünkü iç ya da dış yetkenin hiçbir türü sizi bir yere götürmemiştir. Yetkeye olan bütün inancınızı içten kaybetmişsinizdir; o nedenle kimseye güvenmezsiniz. Dolayısıyla düşünce ve hazzı incelemeniz sırasında tek başınasınız. Tek başına olmak sessizlik demektir; sessiz olmazsanız tek başınıza olamazsınız. Sessizlik de sonuçta bir harekettir. Bunun da daha derinlemesine incelenmesi gerekir.

Bizim için hareket bir fikre, bir ilkeye, bir inanca, bir dogmaya dayanır ve ben o fikre göre hareket ederim. O hareketi fikrime göre tahmin edebilirsem, çok samimi, çok soylu bir insan olduğumu düşünürüm. Oysa fikir ile hareket arasında her zaman bir fark vardır, dolayısıyla çatışma vardır. Ne tür olursa olsun, çatışma yaşandığında belirsizlik vardır. Dıştan bakıldığında bir kumaş parçası ve bir öğün yemekle aziz gibi görünebilir, sözde sade bir yaşam sürebilirsiniz. Bu, sade bir yaşam değildir. Sade yaşam çok daha fazlasını isteyen, ondan çok daha derin olan bir yaşamdır. Sade bir yaşam hiçbir çatışmanın olmadığı bir yaşamdır.

Öyleyse sessizlik, tek başınalığın sonucunda ortaya çıkar ve o sessizlik bilinç ötesindedir. Bilinç, bilinçli ya da bilinçdışı hazdır, düşüncedir ve bunların hepsinin düzeneğidir. O alanda sessizlik hiçbir zaman olamaz; öyleyse o alanda yapılacak her türlü hareket her zaman karmaşa getirecek, sıkıntı getirecek, her zaman sefalet yaratacaktır.

Bu sessizlikten ancak bir hareket çıktığında sıkıntı sona erer. Zihin, kişisel ya da başka türlü sıkıntıdan bütünüyle kurtulmadığı sürece, karanlık, korku ve endişe içinde yaşar. Öyleyse zihnin hareketi ne olursa olsun her zaman karmaşa olacaktır, seçimi de ne olursa olsun her zaman çatışma yaratacaktır. Dolayısıyla insan bunların hepsini anladığında sessizlik olur, sessizlik olduğunda da hareket olur. Sessizliğin kendisi bir harekettir; önce sessizlik sonra hareket gelmez. Büyük olasılıkla bütünüyle sessiz olmak daha önce başınıza hiç gelmemiştir. Sessiz olursanız, anılarınız, deneyimleriniz, bilginiz olsa da o sessizlikten hareket çıkar, o hareket hiçbir zaman karmaşık, yönünü şaşırmış, çelişen bir hareket değildir.

İnsan bu haz, düşünce, tek başınalık ilkesini, bu sessizliğin boşluğunu anladığında, o kadar ileriye gittiğinde—zaman açısından değil, gerçekte—dikkat bütünüyle bunun üzerinde yoğunlaştırıldığından, bütünüyle hareketsiz kalınan bir sessizlik hareketi vardır, bu hareketsizliğin kendisi de harekettir. Bütünüyle hareketsiz kaldığı için patlama olur. Ancak bütünüyle patlama olduğunda yeni bir şey gerçekleşir—yenidir, tanımaya dayanmayan, dolayısıyla deneyimlenemeyendir. Öyleyse, "Ben deneyimlerim, sen de nasıl deneyimleneceğini gelip benden öğrenirsin," diye bir şey söz konusu değildir.

Bizler bu varoluş olgusu olan ilişkiyi anladığımızda bunların hepsi kolaylıkla, doğal olarak açığa çıkar. Çoğumuz için ilişki karmaşadır, mutsuzluktur; ilişkiye olağanüstü, derin bir başkalaşım getirebilmek, köklü bir değişim yapabilmek için insan arzuyu, hazzı, düşünce ve tek başınalığın doğasını anlamalıdır. Bundan sessizlik ortaya çıkar. Bütünüyle hareketsiz kalınan bu sessizlik de kendisinden harekete geçmesi istendiğinde harekete geçer; ama tamamıyla hareketsiz, dolayısıyla bütünüyle hareketsiz olduğu için patlama olur. Bilim adamlarının maddenin artık hareket etmediği ve patlama olduğu zaman galaksilerin oluştuğunu söylediklerini bilirsiniz. Yeni bir zihin, gerçekten çok dinsel bir zihin, ancak patlama olduğunda ortaya çıkar. İnsanoğlunun sorunlarını da ancak bu çok dinsel zihin çözebilir.

Rishi Vadisi, 8 Kasım 1967

Sevgi nedir? Sevgiyi sözlü ya da entelektüel açıdan anlayabilir miyiz, yoksa sözcüklere dökülemeyecek bir şey midir? Hepimizin sevgi diye adlandırdığı şey nedir? Sevgi duygusallık mıdır? Sevgi duygu mudur? Sevgi, ilahi ve insani diye ikiye ayrılabilir mi? Kıskançlık, nefret ya da yarışmacı bir güdü olduğunda sevgi var mıdır? Hepimiz psişik ve dünyasal açıdan, dışarıdan kendimizi güvenliğe alma arayışları içindeyken sevgi var mıdır? Buna yakalandığınız için kabul etmeyin ya da karşı çıkmayın. Soyut olan sevgiden söz etmiyoruz; soyut sevgi fikrinin hiçbir değeri yoktur. Siz ve ben bunun hakkında birçok kuram geliştirebiliriz, ama aslında sevgi dediğimiz şey nedir?

Kıskançlık, sahiplenme etkeni, egemen olma etkeni, bir başkasının düşündüklerini sahiplenme, tutma, denetleme, engelleme arzusunun olduğu haz, cinsel haz vardır. Bunun bütün karmaşıklığını bilen bizler, ilahi, güzel, dokunulmamış, bozulmamış sevginin olması gerektiğini söyleriz; sevgiyle ilgili meditasyon yapar, kendimizi adadığımız, hassas, duygusal bir tavır içine girip kayboluruz. Sevgi denilen bu insanca şeyi kavrayamadığımızdan, kesinlikle hiçbir geçerliliği olmayan soyutlamalara sığınırız. Doğru mu? Öyleyse sevgi nedir? Haz ve arzu mudur? Birinin sevilip çoğunun sevilmemesi midir?

Bu soruyu—sevgi nedir?—anlamak için insan haz, cinsel haz sorununa ya da başkasına egemen olma, onu denetleme ya da bastırma hazzına, sevginin birinin sevilip, başkasının sevgisinin yadsınması olup olmadığı sorununa girmelidir. İnsan birine, "Seni seviyorum," derse, bu başkasını dışarıda bırakma mıdır? Sevgi kişisel midir, değil midir? İnsan birini severse, herkesi sevemez diye düşünürüz; insan, insanoğlunu severse büyük olasılıkla tikeli sevemez. Bunların hepsi bizlerin sevginin nasıl olması gerektiğine ilişkin fikirlerimizin olduğunu gösterir, değil mi? Bu, yine içinde yaşadığımız kültürün geliştirdiği bir model, bir kod ya da insanın kendi için biçtiği bir kalıptır. Öyleyse bizim için sevgiye ilişkin fikirler olgudan çok daha önemlidir; sevginin ne olduğuna, nasıl olması gerektiğine, ne olmadığına ilişkin hepimizin fikirleri vardır. Dindar azizler, ne yazık ki insanoğlu için bir kadını sevmenin tamamıyla yanlış olduğunu kurgulamışlardır; birini seviyorsanız onların Tanrı fikrinin yanına yaklaşmanız pek olanaklı değildir. Başka deyişle, cinsellik tabudur; azizler tarafından bir kenara atılır, ama genelde onlar da cinsellik için ölüp biterler. Dolayısıyla sevginin ne olduğu sorusuna girebilmek için insan bütün fikirlerini, ne olduğu, ne olması gerektiği ve ne olmaması gerektiğine ilişkin bütün ideolojilerini, ilahi ve ilahi olmayan ayrımını bir yana koymalıdır. Bunu yapabilir miyiz?

*

Bir tepki olarak değil de, fikir ile olgu arasındaki ayrımın bütün sürecini anladığımız için fikri bir kenara koyup olguyla, gerçekle yüzleşebilir miyiz? Yoksa, olması gerekenle olan arasındaki ayrım, yaşamla ilgilenmenin en aldatıcı yoludur. Gita, İncil, İsa, Krishna, bütün bu insanlar, kitaplar, "Yapmalısın, yapmalısın, yapmalısın," derler. Bunların tamamını bir yana koyun; hepsi fikirler, ideolojilerdir; ondan sonra gerçeğe bakabiliriz. Ondan sonra insan, söz konusu sevgi olduğunda ne coşkunun ne de duygusallığın yeri olduğunu görür. Duygusallık ve coşku yalnızca beğenme ve beğenmeme tepkileridir. Ben sizi beğenirim ve sizin için inanılmaz coşarım. Burayı beğeniyor olmam başka bir yeri beğenmiyor olmam, vb. anlamına gelir. Öyleyse duygusallık ve coşku zalimliği besler. Daha önce bunu hiç incelediniz mi? Ulusal bayrak denilen kumaş parçasıyla özdeşleşme duygusallık ve coşkudan doğan bir etkendir, bunun için bir başkasını öldürmeye hazırsınızdır. Buna vatanınızı sevme, komşunuzu sevme denir. İnsan, duygululuğun ve duygunun devreye girdiği yerde sevginin olmadığını görür. Beğenme ve beğenmeme zalimliğini besleyen duygusallık ve coşkudur. İnsan, kıskançlığın olduğu yerde sevginin olmadığını görür. Elbette öyledir! Sizin daha iyi bir konumunuz, işiniz, eviniz olduğu için sizi kıskanırım; benden daha güzel, daha akıllı, daha uyanıksınızdır ve sizi kıskanırım. Aslında sizi kıskandığımı söylemem, ama sizinle yarışırım, bu da kıskançlığın, imrenmenin bir başka biçimidir. Öyleyse imrenme ve kıskançlık da sevgi değildir ve ben onları silip atarım. Onları nasıl silip atacağımdan sürekli söz ederken, bir yandan da kıskanmaya devam ederim. Aslında yağmurun yaprağın üzerinde birikmiş günlerin tozunu yıkaması gibi onları siler atarım, hepsini siler atarım.

Sevgi, haz ve arzu cinsellik midir? İçinde nelerin geçtiğine bir bakın. Sevgi haz mıdır? *Sevgi* sözcüğünün ne kadar yüklü olduğunu biliyorsunuz: "Vatanımı seviyorum, o kitabı seviyorum, o vadiyi seviyorum, kralı seviyorum, karımı seviyorum, Tanrıyı seviyorum." Böylesine yüklüdür. O sözcüğü kullanmamız gerektiği için o sözcüğü yüzyılların üzerine bindirdiği tabakadan nasıl kurtaracağız? Bunu ancak sorunun derinliklerine indiğimizde yapabiliriz: Sevgi haz ve arzu mudur? Tutumun haz ilkesine dayandığını söyledik; bir fedakarlık yapsak bile bu yine de hazza dayanır. Bunu yaşam boyunca gözetirsiniz: Temelde bizi mutlu ettiği için belli bir biçimde davranırız. Onun hakkında çok düşünmemiş olsak, o sevginin haz olduğunu söyleriz. Öyleyse sevginin hazzın ötesinde bir şey olup olmadığını ve dolayısıyla hazzı içerip içermediğini öğreneceğiz.

Haz nedir? Oturduğum yerden, ağaçların arasından bir tepe, tepenin en üst noktasında da bir kaya görüyorum. Bu bana İtalya'nın bir köyündeki tepenin üzerinde bulunan şatoyu çağrıştırıyor. Pırıl pırıl güneş ışığında parıldayan yapraklı çiçekleri görüyorum. Bu büyük bir mutluluk, büyük bir hazdır. Değil mi? O sahne gerçekten en güzelidir. Bu hazdır, değil mi? Peki bunda yanlış olan nedir? Ona baktığımda zihnim, "Ne kadar güzel. Keşke her zaman ona bakabilsem, pislik içinde yüzen şehirlerde yaşamaktansa, burada sessizlik içinde yaşasam, hiç hareket etmesem," der. Bunun yinelenmesini isterim, yarın gelip burada oturacağım—siz ister burada olun ister olmayın—ve ona bakacağım, çünkü dün ondan zevk aldım, bugün de zevk almak istiyorum. Öyleyse bu hazzın yinelenmesidir. Doğru mu? Tepeden, ağaçlardan, çiçeklerden oluşan o sahneyi görüyorum ve o anda tam zevk alma gerçekleşiyor. Bunda yanlış olan nedir? Bunda yanlış olan bir şey yoktur, ama düşünce devreye girip, "Tanrı aşkına ne kadar görkemliydi, bunun yinelenmesini istiyorum," dediğinde, bu yineleme arzunun başlangıcıdır, hazzın, yarının aranışıdır. Ondan sonra yarının hazzı mekanikleşir. Düşünce her zaman mekaniktir, o tepenin, o ağaçların imgesini oluşturur; bunların anısı, duyduğum haz yinelenmelidir. O yinelenme düşünceyle güçlenen arzunun sürekliliğidir. "Sevgi hazdır, sevgi arzudur," deriz ama öyle midir? Sevgi düşüncenin ürünü müdür? Düşüncenin ürünü arzunun olduğu gibi hazzın da sürekliliğidir. Düşünce, dün haz alınanı düşünerek bugün benim de yinelenmesini istediğim bu hazzı yaratmıştır.

Dolayısıyla sevgi düşüncenin sürekliliği midir, yoksa düşüncenin sevgiyle hiç ilgisi yok mudur? İnsan düşüncenin sevgiyle hiçbir ilgisi olmadığını söyleyebilir, ama ancak haz, arzu, zaman, düşünce sorusunun tamamı gerçekten anlaşıldığında—bu da özgürlük demektir—bu içtenlikle söylenebilir. Özgür kalındığında davranış ancak anlık olabilir. Bakış, yinelenen tutumlar, bir kalıba göre hareket etme yalnızca mekanik, yinelenen ilişkiyi değil, düzensizliği de besler. Bunun içinde de zaman öğesi vardır. Her dakika, her saniye bütünüyle özgür olan bir davranışın, bir tutumun olup olmadığını soruyoruz; ancak bu eksiksiz davranışta her an erdem vardır ve dünyanın da yarın gibi sürekliliği yoktur.

Dolayısıyla özgürlük hareket anında, davranışta yatar. Dünle ya da yarınla ilgili değildir. Buna lütfen başka bir açıdan bakın. Sevginin dünde ya da yarında kökleri var mıdır? Düne kökleri uzanan düşüncedir. Düşünce belleğin yanıtıdır, sevgi yalnızca anıdan oluşuyorsa, bunun kesinlikle gerçek bir şey olmadığı açıktır. Dün bana karşı iyi davrandığınız için sizi seviyorsam ya da herhangi bir nedenle bana şans tanımadığınız için sizi sevmiyorsam, o zaman bu, kabul eden ya da yadsıyan bir düşünce biçimidir.

Duygusuz, zamansız sevgi olur mu? Gerçekten yüzleşirseniz, bu kuramsal değil gerçektir. O zaman bu sevginin hem kişisel olduğunu hem de olmadığını, aynı anda bir ve birçok olduğunu anlayacaksınız. Bu, kokulu bir çiçek gibidir; koklayabilir ya da yanından geçip gidebilirsiniz. O çiçek herkes içindir, hem de kokusunu iyice içine çekip ona büyük bir mutlulukla bakacak tek kişi içindir.

İsterseniz, bunun hakkında konuşabilir, sorular sorabilir ve daha derinlere, ayrıntılara inebiliriz.

Soran: Baskılar sonucu çatışma çıktığında, sevginin kişisel olmadığı bir durumu yaratmak olanaksız. O durumda *sevgi* sözcüğünün bile yok olduğunu ve başka birçok sözcük kullandığımızı bile söyleyebilirim. Bunu tartışabilir miyiz?

Krishnamurti: Kişisel olmadığı için sevgide çatışma olmadığında, ona başka bir ad verebilir miyiz? Yine görüyorsunuz *çatışma* sözcüğünü kullanıyoruz. Sevgide çatışma ne zaman ortaya çıkar? Korkunç bir soru değil mi? Görüyor musunuz? Sevgide çatışma olduğunu söylemek korkunç bir ifadedir. Bütün ilişkilerimiz, karımızla, kocamızla, komşunuzla çatışmadır. İki insan arasında, karı ile koca arasında sevgi dediğimiz o ilişkide çatışma neden vardır? Neden? *İlişki*, "ilişkili olmak" ne demektir? Ben sizinle ilişkiliyim; bu da aslında fiziksel ya da zihinsel olarak size dokunabilirim demektir. Karşılaşırız, aramızda engel yoktur, bu mikrofona dokunduğum gibi anında temas vardır. Oysa insan ilişkilerinde böylesi bir anında temas yoktur, çünkü sizin, birer karı koca olarak karı ya da koca imgeniz vardır. Konuşmacıya ilişkin bir imgeniz yok mu? Kesinlikle var. Yoksa çoğunuz dinlemezdiniz. Öyleyse imgeyle bir ilişkiniz vardır ve o imge sizin kalıbınıza uygun değilse, "Doğru insan değil," dersiniz. Aslında konuşmacıyla hiç temasınız yoktur. Karınızla, kocanızla ilgili bir imgenizin bulunması gibi, konuşmacıyla ilgili bir imge yaratmışsınızdır ve bu iki imge arasındaki temas, ilişki, sizin ilişki dediğiniz şeydir. Çatışma bu iki imge arasındadır, ama bu imgeler var olduğu sürece çatışma olmak zorundadır. Olağandışı bir durum olan imgenin hiç olmaması durumunda—insanın bunun çok, çok derinine inmesi gerekir—hiç imge yoksa, çatışma da yoktur. Sizin benim hakkımda bir imgeniz varsa, ama benim sizin hakkınızda bir imgem yoksa—o zaman karşılaşırız. Oysa siz benim bir yabancı, sizin de geleneğin içinde dogmatik bir Hindu olduğunuzda ısrar ederseniz, bu olanaksız olur. Öyleyse sevginin olduğu yerde çatışma yoktur, çünkü sevginin imgesi yoktur. Sevgi imgeler oluşturmaz, çünkü düşünce sevgiye dokunmamıştır. Sevgi zamanla sınırlı değildir.

Siz de vurguladınız; bizler imgelerin, simgelerin kölesi olduğumuz gibi sözcüklerin de köleleriyiz. Sözcük, simge gerçek değildir ve gerçeği bulmak, gerçeği anlamak için insan sözcükten ve simgeden özgür olmalıdır.

S: Sevgi doğaçlama olabilir mi?

K: Sevgi ve *doğaçlama* sözcükleriyle neyi kastettiğinizi bilmiyorum. Hiç doğaçlama davranıyor muyuz? Doğaçlama davranma gibi bir şey var mıdır? Hiç doğaçlama davrandınız mı? Hiç? Durun, kabul etmeyin ya da karşı çıkmayın. O sözcükle söylenmek istenen nedir bir bakın. Doğaçlama davranmak demek hiç koşullanmadınız, hiç tepki vermediniz, hiç etki altında kalmadınız demektir; gerçekten özgür, öfkesi, nefreti, herhangi bir amacı olmayan bir insansınız demektir. Bu kadar özgür olabilir misiniz? Ancak o zaman, "Ben doğaçlama davranıyorum," diyebilirsiniz. Gerçekten doğaçlama davranma yalnızca yüzeysel bilinci değil, bilincin çok daha derin katmanlarını anlamayı içerir, çünkü bilincin tamamı bir kalıba göre davranmadır. Bilincin alanı içindeki her türlü hareket sınırlıdır, öyleyse özgür, doğaçlama olan hareket değildir.

Claremont Koleji, Kaliforniya, 17 Kasım 1968

Bizler saçma soyutlamalarla, ideallerle değil, gerçekten "olan"la, başka deyişle yaşamımızla ilgileniyoruz. Yaşamımız nedir? Bakacak olursanız, doğduğumuz andan ölünceye kadar büyük hazları, büyük korkuları, umutsuzluğu, yalnızlığı, sevgisizliği, sıkıcılığı, yinelenmesi ve tekdüzeliğiyle yaşamımız sürekli bir savaş, sürekli bir çabalamadır. Bu bizim yaşamımızdır: kırk yılımızı bir büroda ya da bir fabrikada geçirmek, ev kadını olmak, bütün bunların tekdüzeliği, yavanlığı, sıkıcılığı, cinsel haz, kıskançlık, başarısızlık ve başarıya tapma. Ciddi yaklaşıp gerçekten ne olduğunu gözlemliyorsanız, bizim günlük işkenceli yaşamımız budur; ama siz ister kilisede ister futbol sahasında olsun, farklı eğlence biçimleri arıyorsanız, o zaman bu tür eğlencenin de kendine özgü acıları, kendine özgü sorunları vardır. Yüzeysel bir zihin de kilise ya da futbol sahası aracılığıyla kaçar. Bizler yüzeysel zihinlerle ilgilenmiyoruz, çünkü böyle zihinler gerçekten ilgilenmezler. Yaşam ciddidir ve o ciddiliğin içinde büyük kahkahalar vardır. Yaşayan da, büyük varoluş sorununu çözebilecek olan da yalnızca ciddi zihindir.

*

Bunu kısaca açıklayacağım ve netleşeceğini umuyorum. İnsan kıskançlığı kabul etmeye, bir ölçü, bir karşılaştırma olarak almaya koşullandırılmıştır. Biri parlak bir insandır, zekidir, başarılıdır, alkışlanır; bir başkası olan ben böyle değilimdir. Kıskançlık tohumları ölçmeyle, karşılaştırmayla daha çocukken ekilir. Öyleyse bir nesne, kendinin dışında bir şey olarak kıskançlık vardır. İnsan kıskançlığı gözlemler, gözlemci kıskançlıktır; gözlemci ile gözlemlenen arasında ayrım yoktur. Gözlemci kıskançlıktır. Lütfen buna biraz dikkat edin. Gözlemci de kıskançlık olmadan hiçbir şey yapamayacağının farkına varmıştır, neden de sonuç da aynıdır, başka deyişle kıskançlıktır. Öyleyse bütün sorunlarıyla bizim günlük yaşamımızı oluşturan "olan"—korku, kıskançlık, umutsuzluk, yalnızlık—"Ben yalnızım," diyen gözlemciden farklı değildir. Gözlemci yalnızdır, gözlemci kıskançlıktır, korkudur. Doğru mu? Öyleyse gözlemci "olan" ile ilgili olarak büyük olasılıkla bir şey yapamayacaktır, bu da "olan"ı kabul ettiği, "olan"la mutlu olduğu anlamına gelmez. Ama "olan"la çatışma olmadığında, "olan"a karşı konulmadığında, eksiksiz bir dönüşümün gerçekleştiğini göreceksiniz. Bu da meditasyondur—kendi için gözlemciyle ilgili bütün soruyu, gözlemcinin—yani sizin—yapısını ve doğasını anlamaktır. Gözlemci sizin de bir parçanız olan gözlemlenendir. Bunun bütünlüğünü, birliğini sağlamak için hiçbir çatışmanın yaşanmadığı meditasyon vardır. Dolayısıyla "olan"ın ötesine geçerek çözülme vardır.

Gelenek ve Devrim'*den*
Rishi Vadisi, 28 Ocak 1971

Krishnamurti: İlişki sizin için ne demektir?

Soran: İletişim içinde olmak.

K: İlişki sizin için ne demektir? Bana, ona baktığınızda benimle, onunla ilişkiniz nedir? İlişkiniz var mı?

S: Bence var.

K: Birlikte inceleyelim. Ben size bakıyorum, siz bana bakıyorsunuz. Bizim ilişkimiz nedir? Sözlü ilişki dışında ilişki var mı?

S: Bir şeye doğru hareket olduğunda ilişki duygusu vardır.

K: İkimiz birlikte bir ideale, bir noktaya doğru ilerliyorsak, bu ilişki midir? Herkes soyutlanmışken ilişki olabilir mi?

S: Sorduğunuz ilk soru bir merkez varsa ilişki olabilir miydi?

K: Bilerek ya da bilmeyerek çevreme bir duvar örmüşsem, garanti altında olmak, incinmemek, güvende olmak için bir direnç duvarıysa bu, ilişki olması söz konusu mudur? Lütfen bunu inceleyin. Fiziksel olduğu kadar psişik olarak da incitildiğim için korkarım, bütün varlığım yaralanmıştır, daha da fazla incitilmek istemem. Daha fazla incitilmekten bütünüyle korunmak için çevreme bir direnç, savunma, "Ben biliyorum, siz bilmiyorsunuz," duvarı örerim. Böyle bir durumda benim sizinle ilişkim nedir? İlişki var mıdır?

S: Günlük normal yaşamımızda ilişki ile ne demek istiyorsunuz?

K: Neden bana soruyorsunuz? Kendinize bakın. Normal günlük yaşamınızda neler oluyor? Büroya gitme, üst düzey birinin sataşması, hakaret etmesi var. Bu sizin ilişkinizdir. İncinmiş gururunuzla eve geldiğinizde karınız sen şusun, busun der ve siz daha da kabuğunuza çekilir, ama onunla yatarsınız—ilişkiniz var mıdır?

S: Başka deyişle, merkez olduğunda ilişki kesinlikle yoktur.

S: Ama sıradan iyi niyet vardır.

K: Oysa içinde yaşadığım bu direnç duvarı, bu çevreleme varsa, iyi niyet var mıdır? Benim size yönelik iyi niyetim nedir? Kibarım. Mesafeli dururum. Her zaman duvarların içindeyimdir.

S: Sıradan bir yaşam süren bir insanda bile bazı ilişkiler her zaman duvarın arkasından yürümez.

S: Hiç ilişki olmadığını söylüyorsunuz. Aslında bu biçimde ilişkili olmanın nedeni sorumluluk duygusudur. Birbirine karşı sorumluluk vardır. Ben kendi çıkarıma göre değil, yalnızca başkasının çıkarına göre davranırım.

K: Başkasının çıkarına göre davrandığınızı söylüyorsunuz. Öyle mi? Toplumda devrim yapmayı uman lideri içten ve dıştan izliyorum ve ona uyuyorum. Liderin de benim de gerekli olduğunu düşündüğümüz belli hareketlere kendimi adıyorum. Aynı amaca yönelik çalışan ben ile lider arasında bir ilişki var mıdır? İlişki ne demektir? Temas içinde, yakın çevrede olmak mı demektir?

S: Bu ilişkinin düğüm noktası yararlılıktır.

K: İlişkimiz yararcı bir ilişkiye dayanır.

S: Anladığım kadarıyla bu testi uygularsanız ilişki yoktur.

K: Daha derin bir konu olan gözlemcinin kendini belli hareketlere adaması halinde sizin ile benim aramda ilişki var mıdır sorusunu yanıtlamıyorsunuz.

S: Öyleyse ilişki yalnızca bir fikir midir?

K: İkimizin de katıldığı bir fikir, bir formül, bir kalıp, bir amaç, bir ilke, bir ütopya, ama ilişki var mıdır?

S: İki insan arasında ilişki yok mudur?

K: Bu gerçekten olağanüstü bir sorundur. Daha önce de söylediğim gibi bir düşünce ile öbürü, bir hareket ile öbürü arasındaki ilişki nedir? Ya da hareketin sürekli bir hareket olması dolayısıyla harekette hiçbir bağlantı yok mudur, dolayısıyla da bir hareketle öbürü ilintili değil midir? Ben o ağaca baktığımda onunla ilişkili miyim? İlişki, gözlemci olarak ben ile ağaç arasındaki uzaklıktır. Uzaklık bir buçuk metreden biraz fazla ya da bir kilometre olabilir, ama gözlemci ile gözlemlenen arasında uzaklık olduğunda, ilişki kurabilme olasılığı var mıdır? Evlendiğimde ben karım hakkında zihnimde bir imge oluştururum, o da benim hakkımda bir imge oluşturur, uzaklık etkenine neden olan imgedir. Karımla aramda fiziksel ilişkiden başka bir ilişki var mıdır? Bir şey yapmak için işbirliği yapabiliriz. Bir şey yapmak bizi bir araya getirir, ama benim kendi endişelerim, onun kendi endişeleri vardır. Beraber çalışırız, ama bir fikir için birlikte çalışıyor olsak bile birbirimizle ilişkili miyiz?

S: Bu birlikte çalışma fikri anlaşıldı, ama öbürü anlaşılmadı.

K: Bir dakika. Bir roket yapmak için sanırım üç yüz bin kişi çalıştı, her biri teknolojik açıdan o olağanüstü düzeneği yaratmak için çalıştı. Mükemmel bir roket yapıldı, herkes kendine özgü alışkanlıklarını bir kenara bıraktı ve işbirliği denen şey doğdu. Bu işbirliği midir? Siz ve ben bir ev yapmak için birlikte çalışıyoruz. İkimizin de güdüsü aynı, ama siz ve ben ayrı kişileriz. Bu işbirliği midir? Ben ağaca baktığımda ağaçla benim aramda uzaklık var ve ben ağaçla ilişki içinde değilim. O uzaklık fiziksel boşlukla değil, bilgiyle yaratılmıştır. Öyleyse ilişki nedir, işbirliği nedir, bölünme etkeni nedir?

S: Belirli bir kalıba oturtulmuş imgeler böler.

K: Yavaş gidin. Şimdi o ağaç var. Ona bakıyorum. O ağaçla aramdaki uzaklık birkaç metre olabilir, ama benimle ağaç arasındaki asıl uzaklık çok fazladır. Ona bakıyor olsam da, gözlerim, zihnim, yüreğim, her şey, çok çok uzaktadır. O uzaklık ölçülemez.

Aynı biçimde, karıma bakarım ve ondan çok uzağımdır. İşbirliğinde de çok uzağımdır.

S: İmge sözcüğü bütün bunların arasına giriyor mu?

K: Öğreneceğiz. Her ikisinin işbirliği yaptığı bir sözcük, bir imge, bir hedef vardır. Ayıran hedeftir. Sizinle beni bölen hedeftir.

S: Ama ağaçla ilgili bir hedef yoktur.

K: Orada kalın. Atlamayın. Bir hedefe yönelik birlikte çalışmamızın bizi temasa soktuğunu düşünürüz. Aslında bizi ayıran hedeftir.

S: Hayır. Hedefin bizi ayırdığını nasıl söyleyebilirsiniz?

K: Bilmiyorum. Yanlış düşünüyor olabilirim. Sorguluyoruz. Sizin ve benim bir hedefimiz var; birlikte çalışıyoruz.

S: Bu var olma sorunu mudur?

K: Buna dikkat edin. Hedeflerin insanları ayırdığını söylüyorum. Hedef insanları bir araya getirmez. Sizin ve benim hedefimiz ayrıdır; hedeflerimiz bizi ayırmıştır. Bizi ayıran hedefle ilgili olmayan işbirliği değil, hedeftir.

S: Burada bir şey anlıyorum: İki insanın bir şeyin sevincine varmak için bir araya gelmesi farklıdır.

K: Hayır. İki insan şefkat, sevgi, sevinç için bir araya geldiklerinde, ayrılamayan, ayırmayan hareket nedir? Ben sizi seviyorum, siz beni seviyorsunuz, bu sevgiden doğan hareket nedir? Hedef değil midir? Birbirini seven iki kişi arasındaki hareket nedir?

S: İki insan şefkatle bir araya geldiğinde bu bir sonuç yaratabilir, ama bu sonuç için bir araya gelmezler. Öyleyse böyle bir araya gelmelerde bölünme yoktur. İki insan bir hedef için bir araya gelirlerse, bu bölücü bir etkendir.

K: Bir şey keşfettik. Hemen içine girin. İnsanların şefkatle bir araya geldiği, hedef, amaç, ütopya olmadığı zaman, hiçbir bölünme yoktur. Öyleyse bütün konum ortadan kalkar, yalnızca işlev vardır. O zaman bahçeyi süpürürüm, çünkü mekanın buna gereksinimi vardır.

S: Mekan sevgisi.

K: Hayır, *sevgi.* Mekan sevgisi değil. Bizde neyi kaçırdığımızı görüyorsunuz. Hedefler insanları böler—hedef bir formüldür, hedef bir idealdir. Neyi kapsadığını görmek istiyorum. Neyi kapsadığını görüyorum. Bir hedefim, bir amacım, bir ilkem, bir ütopyam olduğu sürece, o hedefin, o ilkenin insanları böleceğini görüyorum. Öyleyse bu bitmiştir. O zaman bir hedefim olmadan nasıl yaşayacağımı, sizinle nasıl çalışacağımı kendime soracağım.

İlişkinin iki kişinin arasında uzaklık olmaması için yakın temasta olmaları demek olduğunu anlıyorum. Doğru mu? Ağaç ile aramdaki, çiçek ile aramdaki, karım ile aramdaki ilişkide de fiziksel uzaklığın ve çok büyük bir psişik uzaklığın olduğunu anlıyorum. Öyleyse kesinlikle ilişkili olmadığımı da anlıyorum.

Peki, ben ne yapacağım? Dolayısıyla, "Ağaçla özdeşleş," "Kendini bırak, hedefi sahiplenme ve birlikte çalış," diyorum. Bütün entelektüeller, "Hedef sizden daha önemlidir, bütün sizden daha önemlidir, öyleyse kendini bırak, bütünüyle karınla, ağaçla, dünyayla ilgilen," der.

Ben ne yapıyorum? Doğayı seviyorum. Kendimi doğaya, aileye, hepimizin bir amaç için birlikte çalışması gerektiği fikrine adıyorum. Ne oluyor, bütün bunların içinde ben ne yapıyorum?

S: Kendimi soyutluyorum.

K: Hayır bayım, bakın ne oluyor.

S: Gerçek ilişkili olmadığımdır. Bir ilişki oluşturmak, düşünce ile düşünce arasında bir köprü kurmak için çabalarım. Düşünce ile düşünce arasında bu köprüyü kurmak zorundayım, çünkü bunu yapmazsam, kendimi tamamıyla soyutlanmış hissederim. Kaybolmuş hissederim.

K: Bu, bunun yalnızca bir bölümüdür. Biraz daha içine girin. Zihnim kendini her şeye, aileye, doğaya, güzelliğe, birlikte çalışmaya adamak için çabalarken zihnime ne olur?

S: Çok çatışma yaşanır.

K: A'nın da belirttiği gibi hiçbir şeyle ilişkili değilim. O noktaya geldim. Hiçbir şeyle ilişkim yoksa, ilişkili olmak isterim; dolayısıyla kendimi adarım, harekete geçerim ama soyutlanma devam eder. Öyleyse zihnimde olup biten nedir?

S: Ölüm.

S: Sürekli çabalama vardır.

K: O noktadan uzaklaşmadığınızı görüyorsunuz. İlişkili değilim, öyleyse ilişkili olmaya çalışırım. Hareket aracılığıyla kendimi özdeşleştirmeye çalışırım. Zihnimde ne olup bitiyor? Şimdi çevresel sorumluluklara girmeye başlıyorum.

Zihnim sürekli dışarıya kaydığında ne olur?

S: Zihin güçlenir.

S: Ben kendimden kaçarım.

K: Bu da ne demektir? Bir inceleyin. Doğa çok önem kazanır, aile çok önem kazanır, kendimi sürekli bıraktığım hareket çok önem kazanır, peki bana ne olmuştur? Her şeyi bütünüyle dışsallaştırdım. İlişkinin bütün hareketini dışsallaştıran zihne ne olmuştur? Zihniniz dışardakiyle, çevreyle uğraştığında ona ne olur?

S: Bütün duyarlılığını kaybeder.

K: Sizin içinizde olana bakın. Dışsallaştırmaya tepki olarak geriye çekilir, keşiş olursunuz. Zihin geri çekildiğinde ne olur?

S: Doğaçlama davranamam.

K: Yanıtı bulacaksınız. Şuna bir bakın. Siz geri çekildiğinizde ya da kendinizi adadığınızda zihninize ne olur? Kendi vardığınız sonuçlara çekildiğinizde ne olur? Bu başka bir dünyadır. Bir dünya yerine başka bir dünya yaratıp buna da iç dünya dersiniz.

S: Zihin özgür değildir.

K: Zihninize olan bu mudur?

S: Zihin her zaman kendini adamıştır.

K: Zihin kendini her zaman dış olgulara adamıştır; buna verilecek tepki içsel sorumluluk, geriye çekilmedir. İçsel sorumluluk sizin kendi imgelem dünyanızın, gizemli deneyimin tepkisidir. Bunu yapan zihne ne olur?

S: Uğraşıp durur.

K: Olup biten bu mudur? Uğraşıp durduğunu söylüyor. Hepsi bu mu? Kendi çabanızı da katın. Zihin etkinliğini dışsallaştırıp sonra geriye çekilir ve harekete geçer. Geri çekilen ve dışsallaştıran zihnin kalitesine, beyne ne olur?

S: Olguyla yüzleşmez.

S: Büyük korku vardır. Donuklaşır.

S: Bakabilmek için özgür değildir.

K: Bütün hareketleri içte ve dışta dışsallaştırırken zihninizi hiç izlediniz mi? Dış ya da iç hareket aynıdır. Gel-git olayı gibidir. Bu kadar yalındır, değil mi? Gel-gitler yaşayan bir zihne ne olur?

S: Mekanikleşir.

K: Bu, kesinlikle hiçbir bağlantısı olmayan, değişken, hiçbir düzeni olmayan bir beyindir. Hareketin tamamında istikrar olmadığından sinirli, dengesiz, oransız, uyumsuz, yıkıcı bir zihin olur.

S: Huzursuzdur.

K: Öyleyse istikrar yoktur. O zaman ne olur? Başka bir dış hareket uydurur ya da geri çekilir. Beynin düzene gereksinimi vardır, düzen istikrar demektir. İlişkide düzen bulmaya çalışır ve bulamaz; o zaman geri çekilir, orada düzen bulmaya çalışır ve yine aynı sürece yakalanır. Bu doğru mudur?

Zihin bir şeyle ilgili işbirlikçi harekete girerek istikrarı bulmaya çalışır. Zihin ailede, sorumlulukta istikrar bulmaya çalışır ve bulamaz, o zaman ilişkiyi doğada arar; hayalci, romantik olur, bu da yine istikrarsızlığı besler. Sonsuz çıkarımlar, ütopyalar, umutlar dünyasına geri çekilir, yine istikrar yoktur, dolayısıyla onun içinde bir düzen uydurur. Değişken, dar, kökleri hiçbir şeye dayanmayan zihin kaybolur. Size olan da bu mu?

S: Bu, güzele olan merakı açıklıyor.

K: Güzele, çirkine, hippiye olan merak. Sizin zihninize de olan bu mudur? Dikkat edin. Benim söylediğimi kabul etmeyin.

Sağlam, kökleri düzenin—uydurulmuş bir düzen değil, çünkü uydurulmuş düzen ölüm olmak zorundadır—derinliklerine inmiş anlamında istikrarlı olmayan bir zihin, böylesi bir zihin en yıkıcı zihindir. Gurudan, Yoga Vashista'ya, Romana Maharshi'ye gidip geri gelir. Güzellik merakına, çirkinlik merakına, bağlılığına, meditasyon merakına, vb. yakalanır.

Zihin bütünüyle dinginliğe nasıl ulaşacaktır? Bu dinginlikten doğan hareket bütünüyle farklıdır. Bir de bunun güzelliğini görün.

S: Bu, zihnin kör noktasıdır.

K: Hayır, bayım. Kendime zihnin bütünüyle nasıl dingin

olabileceğini soruyorum. Sertlik anlamında istikrar değil, esnekleşebilen bir istikrar. Bütünüyle istikrarlı, sağlam, derin bir zihnin kökleri sonsuzluğa uzanır. Bu nasıl olabilir? O zaman ağaçla, aileyle, toplumla olan ilişki nasıldır? Zihnimin istikrarsız olduğunu ve bunun ne anlama geldiğini anlıyorum. Kendim için biliyor ve anlıyorum ki bu hareket istikrarsızlıktan doğar. Bunu biliyor ve etkisini yok ediyorum. Sonra da istikrarın ne olduğunu soruyorum. İstikrarsızlığı bütün etkinlikleriyle, bütün yıkıcılığıyla biliyorum, peki onu tamamıyla bir kenara koyduğumda istikrar nedir? İstikrarı ailede, işte aradım, içte geri çekilmeyle, deneyimde, bilgide, yeteneğimde, Tanrıda aradım. İstikrarın ne olduğunu bilmediğimi anlıyorum. Bilmemek istikrarlı olmaktır.

"Biliyorum," dolayısıyla "Ben istikrarlıyım," diyen insanlar—"Bizler seçilmiş insanlarız," diyenler—bizi bu kaosa sürüklemiştir. Öğretmenlerin, guruların çoğunluğu, "Ben biliyorum," demiştir.

Hepsini yadsıyıp kendinize güvenin. Kendinizden emin olun. Zihin bunların hepsini bir kenara attığında, istikrarlı olmayanı ve gerçek istikrarı bilemeyeceğini anladığında esnek, uyumlu hareket vardır, çünkü zihin bir şey bilmez. İnsanın yola çıkabileceği tek etken bilmeme gerçeğidir. Bunun gerçekliği durağandır. Bilmeyen bir zihin öğrenme hali içindedir. Öğrendim dediğim anda, öğrenmeyi durdururum ve bu durdurmam bölünmenin istikrarıdır.

Öyleyse bilmiyorum. Gerçek, bilmediğimdir. Hepsi bu. Bu size öğrenme becerisi verir ve öğrenmede istikrar vardır. İstikrar "Öğrendim"de değil, "Öğreniyorum"da yatar. Zihne ne yaptığına bir bakın. Bu, zihni bütünüyle yükünden kurtarır, özgürlük de budur; bilmeme özgürlüğü. Şunun güzelliğine bakın; bilmeme dolayısıyla özgürlük. Bilgiyle işleyen bir zihinde ne olur? Bu onun işlevidir, değil mi? Bellekten belleğe işlemek. Zihin bilgiden olağanüstü bir güven duyar, biyolojik olarak bu güvenlik gereklidir. Başka türlü yaşayamaz. Hayatta kalmayla ilgili biyolojik bilgim dışında hiçbir şeyi gerçekten bilmeyen beyne ne olur? Beynin geri kalanına ne olur? Geri kalan bölümü daha önce bağlanmıştı. Şimdi hiçbir şeyle uğraşmıyor. Harekete geçecek, ama uğraşmıyor.

Bu beyne hiçbir zaman dokunulmamıştır. Artık incitilemez. Yeni bir beyin doğmuştur ya da eski beyin uğraşıp durduklarından arındırılmıştır.

San Francisco, 10 Mart 1973

İnsan gözlemlemenin, başkasıyla olan ilişkiniz ne kadar yakın ya da uzak olursa olsun, gözlemlemenin ne demek olduğunu öğrenmelidir. Gözlem bütün dikkatin verilmesini gerektirir. Lütfen bunu biz konuşurken yapın, dehşet verici bir etkinlik olan grup terapisi ya da saçma bir grup eğlencesi gibi yapmayın; hiçbir engellemenin olmaması, önyargının, yeteneklerin, çeşitli eğilimlerin devreye girmemesi için gerçekten "olan"ı gözlemleyin. Engelleme olmadan arı gözlem dikkat demektir. Bu dikkat doğal olarak gelir; bunun için okula gitmeniz ya da gerçekten ve derinden ilgilendiğinizde süregelen bütün o saçmalıkları yapmanız gerekmez. Ev yanarken, bir felaket olurken ilgilenmemek ya da kendini bütünüyle bu sorunun çözümüne adamak zihnin bütünüyle öldüğünü gösterir. Öyleyse ilişkinizi gözlemleyin ve onu dönüştürün.

İlişkide dönüşüm—burada bölünme, dolayısıyla çatışma, kıskançlık, endişe, güvensizlik, şiddet ve bölünmeden doğan bütün her şey vardır—gözlem yoluyla ortaya çıkar. Olup biteni gözlemleyin. Gözlemlerseniz başkasıyla olan ilişkinizin bilgiye, geçmiş olan bilgiye, başkasıyla ilgili imgeye dönüşen bilgiye dayandığını anlayacaksınız. Konuşmacıyı dinleyince konuşmacı hakkında bir imge oluşturursunuz, bu belli, yoksa burada olamazdınız. Sizin konuşmacıya ilişkin imgeniz üne, propagandaya, kitaplara ve başka her şeye dayanmaktadır. Aslında konuşmacıyı tanımazsınız, ama onun hakkında bir imgeniz vardır. Öyleyse bölünmeye neden olan o imgedir. Karınız, kız arkadaşınız, erkek arkadaşınız hakkında bir imge oluşturmuşsunuzdur, o imge de geçmiş olayların bilgisine dayanmaktadır. İlişkideki bilgiden ortaya çıkan bu imge bölünmeye neden olur. Bu bir olgudur; derinlerine inmek, tartışmak, çözümlemek vb. zorunda değiliz. Bu sözel, yapısal, romantik, entelektüel, duygusal, vb. bütün imgeler temelde köklü bir bölünme yaratır. Kendiniz hakkında bir imgeniz vardır, şu ya da bu olmak zorundasınızdır, başkası hakkında bir imgeniz vardır, dolayısıyla sizin ilişkiniz bu iki imge arasındadır, bu nedenle gerçek ilişki ve sonuçta çatışma yoktur.

Bu ilişki yapısı tümden değiştirilebilir, kökten dönüştürülebilir mi? O zaman bütünüyle farklı bir toplum yaratacağız. Bu da ancak paylaştığımızda, birlikte düşündüğümüzde, yarattığımızda olabilir. Kendinizi, kendi imgenizi ve başkasına ilişkin bölünme yaratan imgeyi gözlemlediğiniz için bunda yetke gibi bir şey yoktur.

Sonra şu soru ortaya çıkar: Hiç imge yaratmamak nasıl olabilir? Anlıyor musunuz? Birbirimizi izleyebildiğimizi umuyorum, izleyebiliyor muyuz? İşlenmiş, geçmiş olan deneyim aracılığıyla inanılmaz bilgi edinmiş zihin için birçok imgeye, çıkarıma sahip, dolayısıyla çok fazla koşullandırılmış bu zihin bütün imgelerden kurtulabilir mi? Kurtulamazsa, yaşam sürekli bir savaş alanına dönüşür. Doğru mu? Birlikte ilerliyor muyuz?

İlişkide bilgi bölünme yaratır. Başka deyişle, kocanızla, bir kızla ya da biriyle ilişkiniz olduğunda bilgi, o ilişkide edindiğiniz, hatırladığınız, deneyimlediğiniz bilgi yavaş yavaş o ilişkinin içine girer. Dolayısıyla bilgi ilişkide bir engel haline gelir. Doğru mu? Bu yolculuğa birlikte çıkıyor muyuz?

Dinleyiciler: Evet.

Krishnamurti: Güzel! Yolculuğa beraber çıkacağımız kişiyle yalnızca sözel bir tanımı dinlemekten öte, ortak bir şefkat niteliğini yakalamamız gerektiğinin çok önemli olduğunu biliyorsunuz. Tanım, tanımlanan değildir; sözcük şey değildir. Siz yalnızca sözel düzeyde izliyorsanız yolculuğu birlikte yapmıyoruz demektir; sorgulamada şart olan berraklık yoktur. O zaman konuşmacıyı izlemezsiniz. Konuşmacıyı izliyorsanız, konuşmacı yetke durumuna gelir, dünyada yeterince yetke var, bir başkasını daha eklemeyin. Bize gereken yetkeden kurtulmak. Yetke, birinin size ne yapacağınızı söyleme gücünün olmasıdır. O zaman birine bağımlı olursunuz ve yetkeden kaynaklanan bütün sorunlar da ortaya çıkar. Oysa nasıl gözlemleyeceğinizi, ilişkide dikkat üzerinde nasıl bütünüyle yoğunlaşılacağını öğrenirseniz, bir başkasından öğrenemeyeceğinizi anlarsınız. Bunun ilerledikçe öğrenilmesi gerekir, kitaptan öğrenemezsiniz. Konuşmacıyı kendinizi aynada görebileceğiniz gibi kullanmanızı öneriyorum. Kendinizi aynada görmeyi öğrendiğinizde de konuşmacıdan kurtulabilmek için aynayı kırın, böylece ne olup bittiğini kendiniz gözlemleyebilirsiniz.

Dediğimiz gibi birçok büyük imgemiz, çıkarımlarımız vardır, bu nedenle zihin gözlem yapmak için hiçbir zaman özgür değildir. Eğitim, ilişki, propaganda aracılığıyla binlerce farklı biçimde bu sonuçları topladıktan sonra, zihin sonuçlara göre, dolayısıyla mekanik olarak işler. Oysa, ilişkiyi tekdüze, mekanik bir sürece indirgediğimiz halde ilişki mekanik değildir.

Bilgi sözcüğünün ve ilişkide bilgiden kurtulmanın anlamını çok derinden anlamamız gerekir. Bilgi gereklidir; siz ve konuşmacı İngilizce bilmeden büyük olasılıkla iletişim kuramaz. Herhangi bir şeyi işlevsel, teknolojik açıdan yapabilmek için bilgi gereklidir—bisiklete binmekte olduğu gibi. Verimli, belli bir hedefe yönelik olarak, mantıklı bir biçimde ilerleyebilmek için bilgi gereklidir, ama biz işlevi statü kazanmak için kullanırız. İşlevde konum arayışı olduğunda bölünme, dolayısıyla işlevle konum arasında birbirimizle ilişkilerimizin bir parçası olan çatışma başlar. Siz işlevde konum aradığınızda, sizin için konum işlevden çok daha önemlidir, dolayısıyla içte olduğu kadar dışta da çatışma vardır. Bunu gözlemlememiz, zihnin ilişkide nasıl işlediğini, işlevle konum arayışı içinde olduğunu, dolayısıyla ilişkide çatışma olduğunu, ayrıca sizinle bir başkası arasında, kocanız, oğlunuz, kızınız arasında bilgi bölünmeye neden olduğu için çatışma olduğunu gözlemlememiz gerekir. Dolayısıyla zihin ancak özgür olduğunda ya da daha doğrusu farkında olduğunda bilginin işlevini, bilginin gerekliliğini görür ve ilişkide bilginin tehlikesini, zehrini görür. Umarım yeterince açıktır.

Diyelim ki ben sizinle evlendim ve sizinle yaşadım, o ilişkide sizinle ilgili çok fazla bilgi topladım. O bilgi size ilişkin imgeye dönüşür. Bana haz, cinsellik verdiniz, "Kadınlar erkeklerden önemlidir," diyerek bana hakaret ettiniz, başımın etini yediniz, bana sataştınız, bana egemen oldunuz—dünyada olup biten her şeyi biliyorsunuz. Bunların hepsi ne kadar çocukça, tamamıyla toy şeyler. Sizinle ilgili bir imge oluşturdum. Bu imge bir günlük ya da on yıllık olabilir. O imge sizi benden ayırır, sizin de benim hakkımda bir imgeniz oluşur. Dolayısıyla ilişkimiz bu iki imge arasındadır, bu yüzden de aslında ilişki yoktur. Bunun farkına varmışken bu dünyada kesinlikle gerekli olan bilgiyle ve ilişkide bilgiden özgür olarak yaşanabilir mi? İlişkide bilgiden özgür olunduğunda, bölünme durur, böylelikle ilişkide çatışma sona erer. Şu anki haliyle insan dünyada gittikçe daha çok çatışma gözlemler; sefalet, karmaşa, sıkıntı her yerdedir. Zihin, bilgelikle ilgilenmeyip yalnızca bilgiyle ilgilendiğinde, ilişkide endişeli durumdadır. Bilgelik de yalnızca bilgi anlaşıldığında ve bilinenden özgür kalındığında ortaya çıkar.

Öyleyse bizim sorumuz şudur: Sonuçlarla, imgelerle işleyen zihin yarın değil, belli bir süre içinde özgür olabilir, ama çatışmadan uzak durabilir mi? Bu da ancak siz nasıl gözlem yapacağınızı, kendinizi ve başkasını nasıl gözlemleyeceğinizi öğrendiğinizde olabilir. Başkasını değil, kendinizi gözlemlemek çok daha önemlidir, çünkü siz neyseniz, bir başkası da odur; siz dünyasınız, dünya sizsiniz, ikisi birbirinden ayrı değildir. Sizin yarattığınız toplum sizsiniz. Bu toplum, çirkinlik, zalimlik, savurganlık, kirlilik, olup biten her şey sizin günlük etkinliklerinizin sonucudur, dolayısıyla siz toplumsunuz, siz dünyasınız, dünya sizsiniz. Bu yalnızca sözel bir ifade değil, gerçek bir olgudur. Bunu gözlemlemek için de zihnin bakma özgürlüğü olmalıdır, sanıların, sonuçların çarpıtılmasından özgür olmalıdır; o zaman zihin bakmak, öğrenmek için zindedir.

Öğrenme ile bilgi edinme arasında fark olduğunu biliyorsunuz. Okulda, üniversitede, vb. okuyan çoğumuz bilgi edinmede çok iyiyiz. Bizim için bu öğrenmedir: olguları toplama, bunları başka olgularla ve verilerle ilişkilendirme. Zihinlerimiz, beyinlerimiz geçmişe ilişkin bilgiyle doludur. Bilgi geçmiştir; hepimiz bilgiye sürekli yenisini ekleriz; bir mühendis ya da bilim adamı olarak çalıştığınızda, araba kullanırken ya da dil konuşurken bu gereklidir. Oysa bana göre öğrenme bütünüyle farklıdır. Öğrenme sürekli bir harekettir. Hiçbir zaman biriktirme olmaması için öğrenmede sürekli bir hareket vardır. Çünkü biriktirilen 'ben'dir (me), sizi ayıran 'ben' dir (me), dolayısıyla çatışma vardır. 'Ben' (me) olan yerde çatışma olmak zorundadır, çünkü bölünmenin tam göbeğinde yatan budur.

Sevgi de öğrenilemez. Bilgi, bilgeliği ya da sevgiyi elde edemez. Dolayısıyla ilişkinin bütün yapısını anlamak çok önemlidir, çünkü bu ilişkimizin temelidir. Bütün hareket buradan yola çıkarak gerçekleşir. Hareket yalnızca bilginin devamıysa, bu mekanikleşir. İlişkimiz tekdüzeliğe ve bilgiye dayandığında ilişki mekanikleşir. Bilinenden özgürleştiğinde ilişki bütünüyle değişir.

*

İlişkimize dikkat ettik mi? Biz bundan söz ediyoruz, çiçeklerden, bulutlardan değil. Söze dökmeden, sonuçlara varmadan ilişkinizin en derinlerine kadar farkında mısınız? Yoksa ilişkinize baktığınızda her türlü şeyi beraberinde getireceği için onunla yüzleşmekten, ona bakmaktan korkuyor, o yüzden de onu göz ardı mı ediyorsunuz? Dikkat özellikle belli bir sorun üzerinde yoğunlaştırılmaz. Dikkat her türlü çatışmanın sona erdiği bir yaşama biçimi bulmaya kendini bütünüyle adamış bir zihnin halidir. İnsan ilişkisinde bu çatışma biterse, bütünüyle farklı bir kültür oluşturacağız.

Saanen, 1 Ağustos 1973

Hiçbir imgem yoksa, benim sizinle, karımla, kocamla, kızımla, oğlumla aramdaki ilişki nedir? Size ilişkin imgem yoksa, sizinle ilişkim nedir?.. Bunu öğrenmeniz gerekiyor; hemen yanıtlayamazsınız. Bakın, ben sizinle yaşadım, bütün sorunlar, zorluklar benim zihnimde bir imge oluşturmuştur. Oysa size ilişkin bir imgem yoksa, benim ilişkim nedir? Gerçekten dürüstseniz, bu soruyu yanıtlayamazsınız. Gerçekten hiçbir imgeniz yoksa, ancak o zaman yanıtlayabilirsiniz. Yaşamda en köklü şeylerden biridir bu; dağlar, bir başkası, birlikte yaşadığım insan, başka hiçbir şeyle ilgili imgenin olmaması, vatan hakkında, hiçbir şey hakkında tek bir imgenin olmaması. İmge, sanı, fikir, sonuç, simge, bütün imgeleri oluşturan düşünce demektir. O zaman imge sahibi olan sizle imge sahibi olmayan bir kişi arasındaki ilişki nedir? Bana yanıt vermeyin. Bunu siz bulacaksınız. Bu sevgidir. Öteki sevgi değildir. Doğru mu?

*

Bisiklete binmek için belleğe gereksinim duyarız. Size iletmek istediğimle ilgileniyorsanız, sizinle İngilizce konuşmak ve bir şey aktarmak için belleğe gereksinimim vardır. Bir fabrikada, iş yerinde çalışmak için belleğe gereksinimim vardır. Oysa ilişkide o bellek imgedir. Ben size ilişkin bir imge oluşturmuşumdur, siz de bana ilişkin bir imge oluşturmuşsunuzdur, öyleyse ilişkimiz bu iki imge arasındadır. Bizim için bu kadar önemli olan da budur—benim size ilişkin imgem, sizin bana ilişkin imgeniz, biz bu imgelerle yaşarız. Bu ilişkiye sevgi denir; bu ilişkide bağlanma ve başka her şey vardır, biz de imgeye sahip olmakla kendini güvende hissettiği için böyle yapıyor deriz. Hiçbir imgesi olmasa boş olur, bizler de boş olmasından korkarız, bu nedenle bir şey olmalıyız deriz. Öyleyse zihin şu anı, "olan"ı, belleksiz, imgesiz, sonuçsuz, sanısız, yargısız, geçmişi değerlendirmeden gözlemleyebilir mi? Yalnızca "olan"ı gözlemlemek. Bunu başka biçimde ifade edeyim. Daha derine, çok daha derine inin. Erkek kardeşimi, oğlumu, karımı, kız arkadaşımı, erkek arkadaşımı seviyorum ve o ölüyor. Aslolan onun ölmüş olduğudur. Bu "olan"dır. Doğru mu? Zihin, artık geçmiş, başka bir deyişle düşünce hareketi olmadan "olan"ı gözlemleyebilir mi? Anlıyor musunuz?

Devam edelim. Bakın, oğlum öldü, bu bir olgudur. Ondan sonra ne olur? Yıllar boyunca oğluma ilişkin oluşturduğum imge zihnin kendini boş, yalnız, sıkıntılı, kendi kendine acıyan bir insan gibi hissetmesine neden olur, onunla bir sonraki yaşamda karşılaşma umuduyla, onunla bir seanslık temasa geçmek için medyuma giderim. Başka deyişle, imge olmaksızın zihin gözlemlemez, "olan"la bütünüyle yaşamaz. Anlıyor musunuz? Kendi kendine acıma olmadığında, "Ah, keşke oğlum yaşasaydı, ne mükemmel bir insan olurdu," demem. İzleyebiliyor musunuz? Hiçbir düşünce hareketim yoktur. Zihin yalnızca oğlumun öldüğü olgusuyla yaşar. Bunu hiç yaptınız mı? Evet mi, hayır mı?

Soran: Benim zihnim sessizleşir.

Krishnamurti: Hayır bayım, ben sessizlikten söz etmiyorum. Bakın, bu herkesin başına gelir; ölüm orada bekler.

Bir olguya tek bir imge olmaksızın baktığınızda içinizde ne olur? Siz bunu anlayamazsanız, ben bunu size söyleyemem.

S: Aslında ne olduğunu anlıyorsunuz.

K: Evet bayım, bunu söyledim. Yaşamak, aslında gerçekleşenle olmak, sapmamak, kaçmamak, düşüncenin onu bunu—hiçbir şey—söylemesine izin vermemek.

S: Artık sessizdir.

K: Öğreneceksiniz. Sevdiğiniz ya da sevdiğinizi düşündüğünüz kimsenin ölmeyeceğini umarım; umarım hiç acı çekmezsiniz, ama yalnızca Vietnam'da ya da Kamboçya'da yaşayanların değil, her gün çevrenizde olduğu gibi dünyada herkesin kaçınılmaz olarak karşılaştığıyla siz de karşılaştığınızda, "olan"la bütünüyle yaşamanın, imge bile olmadan yaşamanın ne demek olduğunu öğreneceksiniz. Size hakaret ederim, size korkunç şeyler söylerim, incitici bir imge yaratan düşüncenin hareketi olmaksızın beni dinleyebilir misiniz? Dinleyebilir misiniz? Deneyin. Yapın, o zaman ne kadar olağandışı bir değişimin, her türlü imgenin tamamıyla geri çevrildiği değişimin gerçekleştiğini anlayacaksınız, o zaman zihin hiçbir biçimde geçmişin yüküyle ezilmez. Bu genç bir zihne sahip olmak gibidir.

Saanen, 2 Ağustos 1973

Zihnin içinde büyüdüğü, yetiştiği, eğitildiği kültür, karmaşayı bir yaşam biçimi olarak kabul etmiştir. Zihin, "Evet, kafam karıştı, devam edelim. Bu yüzden gürültü patırtı çıkarmayalım, devam edelim," der. Sonra güzel bir günde gerçekten zihnimin karışık olduğunu, vücudumun bazı bölümlerinin karışık, bazı bölümlerinin karışık olmadığını fark ederim. Kültür beni bu duruma getirmiş, bu zihni karmaşa ve düzensizlikte yaşaması için eğitmiştir. Çok fazla sıkıntı, sefalet getirmiştir. Zihin, "Bunun bir çıkış yolu olmalı," der. Sonra da kendine bakmayı öğrenmeye başlar. Düşünce bu karmaşıklığı, bu kültürü yarattığı için, zihin ancak hiçbir düşünce hareketi olmadığında kendine bakabileceğini fark eder. Dolayısıyla ancak hiçbir düşünce hareketi olmadığında net bir biçimde gözlemleyebileceğini de fark eder. Bu olabilir mi? Sonra bunu denemeye başlar. Kabul etmez, "Bunu deneyip olup olamayacağını öğreneceğim,"der. Şeylere, dağlara, tepelere, ırmaklara, ağaçlara ve insanlara bakar. Dışarıya, düşünce araya girmeksizin, daha kolay bakabilir. Oysa içe bakarken bu çok daha zordur. İçsel algılama her zaman algıladığıyla ilgili bir şey yapma arzusuyla doludur. Öyleyse insanın bunu algılaması yine düşüncenin bir etkinliğidir. Dolayısıyla her şeyi dikkate alır, gözlemler ve bir gözlemci olduğu sürece bu seçimin, çatışma sürecinin olması gerektiğinin farkına varır. Öyleyse gözlemci; geçmiş, deneyim ve bunların hepsi olan gözlemci olmaksızın gözlemlemek olanaklı mıdır? Bu çok dikkat gerektirir. Bu dikkat kendi düzenini, başka deyişle disiplini getirir. Bir düzeni zorla kabul ettirme gibi bir durum yoktur. Deney, gözlemci olmaksızın gözlem yapma denemesi kendi düzenini, kendi tam dikkat duygusunu beraberinde getirir. Zihin gözlemci olmaksızın gözlemler, "olan"la ilgili olarak bütünüyle hareketsiz, sabit kalır. Doğru mu? Öyleyse ne olur?

Bakın zihin ne yapmış? "Olan"ın ne olduğunu çözemediği için ondan kaçmak, onu bastırmak, çözümlemek, açıklamak, vb. için enerjisini tüketmemiştir. Enerjisini tüketmediğinde, tamamıyla "olan"la kaldığında zihin bütün enerjisine sahiptir. Anlıyor musunuz? Bir enerji kıvılcımı bile tüketmemiştir. Kaçma, adlandırma, üstün gelmeye, bastırmaya çabalama, bir kalıba uydurma, vb. kesinlikle yoktur. Bunların hepsi enerji tüketimidir. Enerji tüketilmediğinde, zihin enerjiyle doludur ve gerçekte "olan"ı gözlemler. Öyleyse "olan" var mıdır? Öyleyse karmaşa var mıdır?

Bunun hepsini görebilmek yalnızca hakikati görmek değil, bilgeliğini de görmek demektir. O bilgelikten günlük yaşamda işleyecek, karmaşa yaratmayacak bir zeka çıkacaktır —anlayabiliyor musunuz?—göz ardı edildiği anlarda bir şey yapabilir, ama bunu anında düzeltecektir. İzleyebiliyor musunuz? Öyleyse bu zeka her an işler. Bu benim zekam ya da sizin zekanız değildir.

Yolculuğun en azından birazını birlikte yapabildik mi?

Soran: Böylesi bir harekette oyuncu yoktur.

Krishnamurti: İlişkide o zekanın hareketi nedir? Anlıyor musunuz? Yaşam ilişkinin kendisidir—kadın ile erkek, doğa ile erkek ya da kadın, insanlar arasında. Ben de bilgelikten doğan, hakikatın algılanmasından gelen o zekanın hareketinin ne olduğunu soruyorum. İnsan ilişkisinde o zekanın hareketi nedir? Ben bu dünyada yaşamak zorundayım. Doğru mu? Bir karım, çocuklarım, ailem, patronum, fabrikam, dükkanım, vb. var, öyleyse benim başkasıyla olan ilişkimde o zekanın hareketi nedir? Hadi, sorun!

S: Ne olacağını önceden nasıl söyleyebilirsiniz?

K: Zeka hareketinin ne olacağını önceden nasıl söyleyebilirsiniz? Zeka hareketini önceden bilmiyorum, ama şimdi sorguluyoruz. İlişkide zeka hareketi nedir? Ben sizinle ilişkiliyim. Ben sizinle ilişkiliyim, çünkü siz orada oturuyorsunuz, ben burada oturuyorum, beni dinliyorsunuz, bunu birlikte paylaşıyoruz, birlikte gözlemliyoruz, birlikte "pişiriyoruz", öyleyse birbirimizle ilişkiliyiz, yakın olma anlamında olmasa da insan olarak ilişkiliyiz, çünkü bu bizim ortak sorunumuzdur, bu bizim insanlık sorunumuzdur. Dolayısıyla soruyoruz: Bizler ilişkiliyiz, öyleyse bu zeka ilişkide nasıl davranır?

S: Bu, sevgi olmalıdır. Bu zekadan sevgi ortaya çıkar.

K: Bilmiyorum. Bu bir fikir. Görüyorsunuz bayım, zihnim bir kuramı, bir fikri, bir sonucu, tahmini kabul etmeyecektir. Bu zihin—benim zihnim, sizin değil—yalnızca olgudan olguya, "olan"dan "olan"a geçecektir, daha fazlasını yapmayacaktır.

S: Bu diyologda sözcükleri kullanmak zorundayız, sözcükleri kullandığımız anda da fikirlerle ilgileniriz, ama sizin ısrar ettiğiniz türde bir diyalog çoğumuz için neredeyse olanaksız.

K: Bakın, sözcükler aracılığıyla ve sözcükler olmaksızın iletişim vardır, tıpkı sözsüz olduğu kadar sözlü iletişimin olduğu gibi. Sizi, kullandığınız sözcükleri, kullandığımız sözcüklerin ikimiz için ortak anlamını nasıl dinleyeceğimi bilirsem, sizi sözlü olarak nasıl dinleyeceğimi gerçekten bilirsem, o zaman sizi sözsüz olarak nasıl dinleyeceğimi de bilirim, çünkü bunu anlayabilirim.

Çok fazla sorgulamaya götürecek çok yalın bir soru soruyorum: Başka bir insanla olan ilişkimde bu zeka niteliğine neden olan anlayış hareketi nedir? Ben bunu çözünceye kadar ilişkim yalnızca sizin için değil, benim için de sefalet yaratacak. Dolayısıyla bütün varlığımı bunu bulmaya adamalıyım. Yaşamım buna bağlı olduğu için öylesine, yüzeysel bir soruşturma değildir bu. Acı çekerek, karmaşa halinde, uygarlığın, kültürün beni içinde bıraktığı bu itici karmaşa içinde yaşamak istemiyorum. Dolayısıyla zekam, "Bul" der. Çünkü yalnız yaşayamazsınız, yalnız yaşayan hiçbir şey yoktur. Yalnızca bu kültürün zorladığı soyutlanma vardır; iş dünyasında, dinsel dünyada, ekonomik dünyada, sanat dünyasında, her dünyada, her kürede, kültür beni soyutlanmaya itmiştir: "Ben bir sanatçıyım", "Ben bir yazarım", "Herkesten çok daha ötedeyim", "Ben bir bilim adamıyım," ya da "Tanrıya en yakın olan benim."

Dolayısıyla soyutlanmanın ne olduğunu çok iyi biliyorum, o soyutlanmada yaşayıp başkasıyla ilişkiye girmek kesinlikle hiçbir şey değildir. Zihnim de, "Bu saçma, sen böyle yaşayamazsın," der. Öyleyse ben ilişkide nasıl yaşanacağını ve o ilişkide zihnin etkinliğinin ne olduğunu öğreneceğim.

Bilmek istiyorum. Lütfen kendiniz için bunu deneyip kendinize o soruyu sorun. Bu zekanın ne olduğunu görüyor musunuz? Bu, "olan"ın gerçekliğini sezmenin sonucudur, bunun gözlemlenmesi bilgelik, algılanması da hakikattir.

Hakikatin çocuğu bilgeliktir, zeka da bilgeliğin çocuğudur. Bunu gördüm. Şimdi kendime soruyorum: İlişkide o zekanın hareketi nedir? İlişkide herhangi bir imgesi var mıdır? Benimle aynı evde yaşayan sizin için zihnim bir imge oluşturuyor mu? Bana söylenebilir, sataşabilir, beni tehdit edebilir, bana hükmedebilir, cinsel haz verebilirsiniz—zihin imgeler oluşturur mu?

S: Hayır.

K: Hiçbir zaman hayır demeyin bayım; bulun! Bu çok dikkat gerektiriyor, değil mi? Öylesine evet ya da hayır diyemezsiniz. Bir imgenizin olup olmadığını ve imgenin neden ortaya çıktığını öğrenmek bütünüyle dikkat etmeyi gerektirir. Yalnızca dinleyin bayım. Sizin evet ya da hayır demenizi engellemeye çalışıyorum. Hepsi bu. Sorgulayalım. Bu sorunu paylaşalım. Siz evet ya da hayır dediğinizde bunu durdurdunuz. Oysa ben, "Bakın, bulalım, sorgulayalım, bakın bu neleri kapsıyor," dersem, sizinle ilgili imge oluşturmamış olurum. Ben, "Lütfen durup ne yaptığımıza bakın," dedim.

Zihin imge yaratır mı? Öyleyse bu, zekanın etkinliği değildir, çünkü zeka tıpkı milletlerin, dinlerin, guruların, kitapların, İncil'in, Bhagavat Gita'nın, Kuran'ın insanları böldüğü gibi imgelerin de insanları böldüğünü görmüştür. Dolayısıyla imgeler, simgeler, sonuçlar insanları böler. Bölünmenin olduğu yerde çatışma olmak zorundadır. Bu nedenle çatışmadan doğan bir hareket zekadan yoksun bir harekettir. Zeka içeren bir hareket sürtüşmenin, çatışmanın olmadığı bir harekettir. Ben sizinle ilişkideysem ve bir imgem varsa, bu saçma, zekadan yoksun bir harekettir. Ben de bunu anlarım. Bana aptal dediğinizde, size fiziksel açıdan alacağım haz, para, desteğiniz, arkadaşlığınız, yüreklendirmeniz için bağımlı olduğumda, sizinle ilgili bir imge oluşturuyor muyum? Bağımlılık zekadan yoksun bir zihin hareketidir.

Öyleyse zeka olduğunda ilişkinin ne olduğunu keşfetmeye, öğrenmeye başlıyorum. İzleyebiliyor musunuz? Bu şaşırtıcı derecede yalındır, gerçekten yalındır.

S: Yalın, ama kolay değil.

K: Yalın olan en kolay, en pratik şeydir, en karmaşık şeyleriniz değil. Bunlar kesinlikle yararsızlığın sonucu olan uygulanamazlığa, bütün bu karmaşaya yol açmışlardır. Bakın, yalın olan, imgelerin insanları böldüğü hakikatini görmektir. Bu yalındır, değil mi? Bunun yalınlığını görmek de zeka hareketidir. Bu zeka da sizinle olan ilişkimde harekete geçecektir. Öyleyse o zekanın nasıl işleyeceğini gözlemliyorum. Anlıyor musunuz? Ben karımla, annemle, kız kardeşimle, kızımla, vb. ilişkiliyim. İzliyorum. O zekanın nasıl işlediğini görmek için izliyorum. Anlıyor musunuz? Bir imge yarattığınız anda zeka eski dünyaya döndüğünüzü, kokuşmuş uygarlığa geri döndüğünüzü görür. Zihin izler, öğrenir; zeka tamamıyla yalın bir yaşama kapılarını açar.

Brockwood Park, 8 Eylül 1973

Sevgi dediğimiz şeyde bağımlılık, yalnızlıktan, tek başına yetersizlikten, tek başına ayakta duramamaktan gelen bir bağlılık duygusu, dolayısıyla başkasına dayanma, bağımlı olma vardır. Sütçüye, demiryolu çalışanına, polise bağımlıyızdır. Ben o tür bir bağımlılıktan değil, bütün sorunlarıyla birlikte psişik bağımlılıktan söz ediyorum: ilişkide imge sorunları, zihnin bir başkasıyla ilgili oluşturduğu imge, o imgeye bağlılık, bu imgeyi yadsıma ve başka bir imge yaratma. Bunların hepsine sevgi deriz. Papazlar da başka bir şey, Tanrı sevgisi yaratmışlardır, çünkü ilişkide sevginin ne olduğunu öğrenmektense zihin ya da el tarafından yaratılıp biraraya getirilmiş Tanrıyı, bir imgeyi, bir fikri, bir simgeyi sevmek çok daha kolaydır.

Bunların hepsini izleyebiliyor musunuz? Öyleyse sevgi nedir? Bizim bilincimizin, sevgi denen, içinde 'ben' (me) ve 'siz' olan şeyin bir bölümüdür; 'ben' (me) size bağlıdır, sahiplenir, yönetir; siz beni sahiplenir, yönetir, beni elinizde tutarsınız. Siz benim fiziksel, cinsel isteklerimi giderirsiniz, ben sizi ekonomik açıdan doyururum. Bunların hepsine sevgi deriz. Sevgi bu mudur? Romantik sevgi, fiziksel sevgi, uğruna öldürmeye, kendinizi sakatlamaya, yok etmeye hazır olduğunuz vatan sevgisi, sevgi bu mudur? Sevginin coşkulu, duygusal—biliyorsunuz—"Ben seni seviyorum, sen beni seviyorsun," ifadesinin yarım yamalak kabulü olmadığı açıktır. Sevginin güzelliğinden, güzel insanlardan söz etmek, bütün bunlar sevgi midir?

*

Bakın, şunu yalınlaştıralım. İlişki bütünüyle sizin başkası hakkında oluşturduğunuz imgeyle başkasının sizin hakkınızda oluşturduğu imgeye dayanır. Doğru mu? Bunları tartışamazsınız, bu böyledir. Bu iki imgenin ilişkisi vardır. Bu imgeler, sizin onun hakkında oluşturduğunuz, onun da sizin hakkınızda yıllar boyunca oluşturduğu anılara, deneyimlere, bilgiye dayanır. Bu, sizin bilincinizin bir bölümüdür. Sizinle onun arasında hiç imge olmadığında, onun sizin hakkınızda bir imgesi olmadığında ilişki nedir? Anlıyor musunuz? Onun hakkında oluşturduğunuz imgeye ölesiye bağlı olduğunuzun farkında olup olmadığınızı sorabilir miyim? Onun hakkında tutunduğunuz bir imge oluşturduğunuzun farkında mısınız? Bunun farkında mısınız, bilincine vardınız mı? Bilincine vardıysanız, onun sizinle ya da sizin onunla olan ilişkinizin o imgelere dayandığını anlarsınız. O imgeler bir gün bitebilir mi? O zaman ilişki nedir? Sizin bilincinizi oluşturan, bilincin içeriği olan imge bitmişse, kendinizle, her şeyle ilgili çeşitli imgeler bitmişse, sizinle onun arasındaki ilişki nedir? O zaman gözlemlediği şeyden ayrı olarak gözlemleyen bir gözlemci var mıdır? Ya da bu, ilişkide sevginin bütünüyle harekete geçmesi midir? Anlıyor musunuz? Öyleyse sevgi, ilişkinin gözlemci içermediği bir harekettir.

Öyleyse zihin—beyni, fiziksel organizmayı, bütününü katmak için *zihin* sözcüğünü kullanıyoruz—o zihin kendi bilincini oluşturan bölünmeler alanında yaşamıştır, onun içeriği olmadan da gözlemci olmaz. Gözlemci olmadığında ilişki, siz onun hakkında, o da sizin hakkınızda imgeye sahip olduğu zaman dilimi içinde değildir. Günlük yaşadığınız için o imge bitebilir mi? O imge bitmezse sevgi yoktur. O zaman bir parça başka bir parçayla karşı karşıyadır.

Şimdi bunu duyduğunuz için sonuçlar çıkarmayın. Hakikatini kavrayın, hakikatini de sözlü olarak anlayamazsınız. Sözcüklerin anlamını duyabilirsiniz, ama anlamını anlamalı, içyüzünü kavramalı, gerçekte "olan"ın hakikatini görmelisiniz. O zaman hakikat bilinç alanının içine girmez.

Saanen, 25 Temmuz 1974

Güvenlik var mı hiç? Zihin şeylerde, fiziksel şeylerde, malda, bir adda, kendine özgü bir etkinlikte güvenlik aramıştır. Kavramlarda, ideallerde, formüllerde, dizgelerde güvenlik aramıştır. İnsan bütün bunlara çok yakından, nesnel olarak, duyguları karıştırmadan, kişiselleştirmeden baktığında, bütün yapının herkesi güvensiz bir konumda bıraktığını anlayacaksınız. O zaman size ve kendime soruyorum, güvenlik diye bir şey var mıdır? Doğru mu? Bizim sorgulayacağımız budur. Bizim öğreneceğimiz budur. Ama ben öğrenip size söylersem paylaşıyor olmayacağız. O yüzden birlikte öğreneceğiz.

Fiziksel güvenliğin gerekliliğinde yatan hakikati anlıyorsunuz, ama zihin de her zaman farklı biçimlerde güvenliği, kalıcı bir güvenliği, kalıcı bir ilişkiyi, kalıcı bir evi, kalıcı bir fikri arar. Kalıcı diye bir şey var mıdır? Bunu isteyebilirim, çünkü çevremdeki her şeyin kaybolup gittiğini, solduğunu, sürekli değiştiğini görüyorum, ama zihin de güvenliğin, kalıcılığın olması gerektiğini söylüyor. Oysa bir fikrin, kavramın ya da şeylerin çeşitli nedenlerden dolayı ya da ben nedenini anlamadan sürekliliği yoktur. Ondan sonra ilişkilerimde, karımda, çocuklarımda süreklilik ararım. İlişkide kalıcı bir güvenlik var mıdır? Anlıyor musunuz? Kendinize bir sorun! İlişkide kalıcılık istediğinizde, bağlanma sorununun bütünü ortaya çıkar. Lütfen sorun; kendiniz için izleyin.

Bağlı olduğunuzda, korkuya, kayıba, kuşkuya, nefrete, kıskançlığa, endişeye ilişkin sorunların hepsi, her şey kalıcı bir ilişki kurma sorununun, arzusunun içine girer. Anlıyor musunuz? Biri bir kavramın hiçbir sürekliliği olmadığını bulmuştur, Katolikler, Protestanlar, Komünistler zihne öğretiler yükledikleri halde, zihin böyle bir öğretiyi kalıcı olarak kabul etmiştir. Oysa onun da yok olduğunu, dağıldığını görüyorsunuz, her şeyi sorguluyorlar. İnsan fiziksel hiçbir şeyin kalıcılığı olmadığını da görüyor. Dolayısıyla zihin, "Kişisel bir ilişki kurmalıyım," der. Sonra o ilişkide her iki kişinin de öbürü hakkında geçici imgeleri olduğunu, yine de o ilişkide süreklilik arandığını, sizin ve başkasının imgelerine dayanan ilişkinin olası etkilerini görürüz.

Dolayısıyla şu soru sorulur: Kalıcı olan bir şey var mıdır? Siz buna ciddi yaklaşırsanız, bu sorulması zor bir sorudur ve hiçbir şeyin kalıcı olmadığı hakikatini bulan bir zihne ne olduğunu görmek çok zor bir şeydir. Patlayacak, çıldıracak mıdır? Uyuşturucu alacak, intihar mı edecektir? Yine kalıcı bir şeyi yansıtacak başka bir ideolojinin, başka bir arzunun tuzağına mı düşecektir? İzliyor musunuz?

*

İnsan, çözümleyerek değil, bakarak, günlük, her günkü yaşamımızı yalnızca gözlemleyerek zihnin bütün bunlarda güvenlik aradığını keşfetmiştir. Düşünce, "Güvenlik yoktur, kalıcı hiçbir şey yoktur," der. Sonra daha kalıcı bir şey aramaya başlar. Burada kalıcı hiçbir şey bulamadığı için başka bir alanda, başka bir bilinçte kalıcılığı arar. Oysa düşüncenin kendisi kalıcı değildir—doğru mu—ama kendisine hiçbir zaman kalıcı olup olmadığını sormamıştır. Ne söylediğimi anlıyor musunuz?

Lütfen, bu inanılmaz dikkat gerektirmektedir; dipsiz bir kuyuya düşmeyin. Dolayısıyla zihin hiçbir şeyin kalıcı olmadığını söylediğinde bunun içine düşünceyi de katar. Şuna bir bakın! Zihin hiçbir şeyin kalıcı olmadığının farkına vardığında, sağlıklı, bütün olabilir, dolayısıyla bir bütün olarak hareket edebilir mi? Yoksa o da saçmalayacak mıdır? İzliyor musunuz? Düşüncenin yapısı da dahil olmak üzere hiçbir şeyin kalıcı olmadığı sorunuyla yüzleştiğinizde, buna dayanabilir misiniz? Anlıyor musunuz? Siz de, düşüncenin oluşturduğu ve "benim" dediği bütün yapı da dahil olmak üzere *hiçbir şeyin* kalıcı olmadığını söylemenin önemini anlayabiliyor musunuz? O 'ben' (me) de kalıcı değildir. Bunların hepsini anlayıp anlayamadığınızı merak ediyorum. Bir süreliğine bırakalım, farklı bir açıdan yeniden yaklaşacağız.

Bu zaman sorununu anlamamız gereklidir. Zaman, fiziksel olarak buradan oraya hareket demektir—doğru değil mi? Buradan oraya olan uzaklığı katedebilmek için zamana, saat, güneş, gün ya da yıl açısından zamana gereksinimiz vardır. Uzaklık, hareket demek olan zamanın düşünceyle ilişkisi nedir? Lütfen, bu hiç de zor değil; yalnızca dinleyin, kendiniz anlayacaksınız. Bütün Batı dünyası ilkede, temelde teknolojik ve psişek açıdan ölçüme dayanır—hiyerarşi, mücadeleyi kazanan kişi, piskopos, başpiskopos, papa; bunların hepsi toplumsal, ahlaksal ve doğal olarak teknolojik açıdan ölçüye dayanır. Aziz de, kilisenin ya da dinin kabul ettiği üst ölçüdür. Öyleyse bizim uygarlığımızın ahlaksal, entelektüel yapısı buna dayanır—zaman, ölçü, düşünce. Doğru mu? Düşünce ölçüdür, düşünce zamandır, zaman dündür. Dün yaptığım bugün yaptığımı değiştirir, bu değiştirme gelecekte de farklı bir biçimde devam eder. Geçmişten bugün aracılığıyla yarına devam eden hareket zamandır, bu da ölçülebilir.

Buradan oraya gitmek için zaman gereklidir. Bir dili ya da tekniği öğrenmek için zamana gereksinimim vardır. Oysa zihnin kendini dönüştürmek için zamana gereksinimi var mıdır? Bütün bunları izleyebiliyor musunuz? Zihin kendini dönüştürmek için zaman tanıdığı anda hâlâ ölçü, zaman, düşünce alanının içindedir. Bu alan düşünceyle yaratılmıştır; kendini değiştirmek, farklı bir zihni getirmek için hâlâ aynı alanda işliyorsa hiçbir değişiklik olmaz. Devam edebilir miyim? Bunları izleyebildiğinizi umuyorum.

Bunu şöyle anlatayım. Açgözlüyüm ve açgözlülüğün göreceli olduğunu biliyorum. Elimdekinden daha çoğunu—bu da bir ölçüdür değil mi—gördüğümde açgözlülük duygum ortaya çıkar. Sonra da kendime sorarım: O duyguyu, o ölçüyü dönüştürmek için zaman gerekli midir? Zaman gereklilik olursa, yine ölçü alanında kalırım. Dolayısıyla açgözlülüğü değiştirmemiş olurum. Bunu anladınız mı? Öyleyse nedene, başka bir deyişle zamana dayanmayan bir değişim, ama anlık bir değişim var mıdır? Lütfen, yalnızca ben değil, *siz* de bütün bu soruları soruyorsunuz.

Ben şiddet yüklüyüm. Hepimizin de bildiği gibi insanoğlu şiddet yüklü bir varlıktır. Şiddeti değiştirmek, zihnin hiçbir zaman şiddetli davranmamasını önlemek amacıyla dönüştürmek zaman alır mı? Zamanın gerekli olduğunu kabul ediyorsanız, o zaman şiddet farklı bir biçime bürünür, çünkü hâlâ aynı alandadır. Bazılarınız anlayabildi mi? Anlayabilenler, anlamayanlara anlatsın.

Kalıcılık arzusunun hâlâ zaman alanı içindeki kalıcılık hareketinin nedeni olup olmadığını soruyorum. Bana kalıcılığı, vb. arzulatan neden midir? Güdü müdür? Öyleyse neden, zaman yapısını ortaya çıkarır. Öyleyse şimdi şunu soruyorum: Kalıcılık diye bir şey var mıdır?

Şimdi şuna bir bakalım. Zamana, kalıcığa baktık, şimdi ona dayanan günlük yaşamımıza bakacağız. Tamam mı? İlişkide kalıcılık arzulanır, çünkü bu gittikçe daha gerçek bir görünüme bürünür, çünkü biz başka her şeyi, kuramların, devletin dininin, kilisenin, vb. entelektüel kalıcılıklarını bir kenara bıraktık. Onları bir kenara bıraktık, o zaman kalıcı bir ilişkinin olması gerektiğini söyleriz. Elimizdeki tek şey odur, onda da kalıcı hiçbir şeyin olmadığını buluruz. Zihin, sizin zihniniz kalıcılık olmadığı yolundaki mutlak hakikatle yüzleşebilir mi, bununla ilgili yalnızca kuramlar üretmeyebilir mi?

O zaman insanoğlunun hiçbir zaman çözemediği ağır soruna bakalım: ölüm konusu. Bunların hepsi birbiriyle ilişkilidir.

*

Çok akıllı insanlar olan eski Hinduların, "Bu olanaksız; insan bir anda her şeyin yitip gitmesine izin veremez," diye düşündüğünü biliyorsunuz. Öyleyse 'ben' (me) fikri, siz ona tutunduğunuz için devam etmek zorundadır; bu 'ben' (me) zamanın, ölçünün, düşüncenin, akışın sonucudur. Doğru mu? O 'ben' (me); Brahman, Tanrı ya da ne olarak adlandırıyorsanız, o en yüksek kusursuzluğa ulaşıncaya kadar çeşitli yaşamlar aracılığıyla yavaş yavaş gelişmelidir. Onlar da aynı fikre sahiptiler. Hıristiyanlar, çok matematiksel açıdan, çok akıllıca yaklaşmadan, ayrıntılarına çok fazla girmeden bunu farklı bir biçimde geliştirmişlerdir. Bu konuya girmeyeceğim. Burada vurgulanan sonraki yaşamın çok önem kazandığı, dolayısıyla bu yaşamın önemli olduğudur. Bu yaşam inanılmaz önem kazanır, çünkü şu anda nasıl davrandığınıza bağlı olarak doğru davranışlarda bulunursanız, sonraki yaşamda ödüllendirileceksiniz. Anlıyor musunuz? İnanış bu yöndedir. Herkes buna inanır, ama yine de kimse *şimdi* öyle davranmaz.

Dolayısıyla bu oyuna devam ederler.

Peki zihin bütün bu olağanüstü olguyu görebilir mi? Bunun bütün ayrıntılarına giremem. Bu, zihnin güvenlik aradığı geniş bir alandır. Zihin, düşünce gibi, ölçü gibi zamanı yaratmıştır. Bu ölçüde, bu zamanda 'ben' (me) ve "siz" vb. olarak kalıcılığı bulmaya çalıştığı bir hareketi vardır. Soruyoruz: Bütün bu olağanüstü, çok karmaşık ve son derece hassas alanın tamamını gören zihin kalıcılık diye bir şeyin kesinlikle olmadığı hakikatini görebilir mi? Bu, aslında ölümdür. Anlıyor musunuz?

Bunun hakikatini görebiliyor musunuz? Başkasının hakikatini kabul etmeyin; o, hakikat olmaktan çıkıp propagandaya dönüşür, yalandır. Siz bütün bu açıklamalardan sonra kendiniz bunun hakikatini görebiliyor musunuz? "Evet, anladım," dediğiniz sözlü hakikatten, entelektüel kavramdan söz etmiyoruz. Bu, hakikat değildir. *Hakikat, hareket* ettiği anlamına gelir. Hareket ettiği için kalıcılık olmadığını görürsünüz. O zaman bağlı değilsinizdir. Bir fikre, bir kavrama, dini bir inanca, bir dogmaya, bir kurtarıcıya bağlı değilsinizdir. O zaman ne olur? İzliyor musunuz? Bunun hakikatini gördüğünüzde özgürlük vardır, özgürlük de salt zeka demektir, bunu anlayabiliyor musunuz merak ediyorum—kurnaz bir düşüncenin zekası değil, hakikati görmüş, dolayısıyla düşüncenin yarattıklarından özgür üstün bir zeka. Özünde üstün ve olağanüstü olan bu zekanın niteliği işleyebilir. İzliyor musunuz? Öyleyse güvenlik bunda değil, *onda* yatar. Bunların hepsini anlayabiliyor musunuz merak ediyorum. O zaman bu dünyada şeylerle ya da hiçbir şeyle yaşayabilirsiniz, anlıyor musunuz? O zaman *o* ölümsüzdür. Anlıyor musunuz? Ne size, ne bana, ne de bir kiliseye, gruba özgü olan bu zeka, en üst düzeydeki zekadır, dolayısıyla da bunda tam ve eksiksiz güvenlik yatar. Zihin bu zekayı yaratamaz. Bu, ancak siz apaçık ortada olanın hakikatini gördüğünüzde, yanlışı yanlış olarak gördüğünüzde gerçekleşir. Zihin artık düşünce ağına yakalanmaz, o zaman da zeka günlük yaşamımızda işlemeye başlar ve kalıcılık sağlanır. Öyle değil mi? Anladınız mı?

Öğrencilerle ve Çalışanlarla Konuşma: Brockwood Park, 30 Mayıs 1976

Krishnamurti: İlişkide doğru hareketin ne olduğunu öğrenmeye çalışıyoruz. İncinme örneğini ele aldık. O incinme şu anda devam edip geleceğe doğru ilerlerken değiştirilirse, bu incinme hareketi doğru hareketi doğurmaz. Bu açıktır. İncinen kimdir? İmge olduğunda incinmenin ortaya çıktığını söyledik. O imge 'ben'dir (me), 'ben' (me) imgeden farklı değildir. Daha önce 'ben'i (me) imgeden ayırdık, sonra ben (me) "O incinmeden kurtulmak için çabalayacağım," dedi. Doğru mu? "Onunla savaşacağım, onu bastıracağım, bir analiste gideceğim, o incinmeden kurtulmak için her şeyi yapacağım," dedi. Oysa 'ben'in (me) ve 'ben'in (I) imgeyle aynı olduğunu keşfettiğimizde ne olur? Sorumu anlıyor musunuz? Daha önce siz kurtulmak için çaba gösterdiniz; çaba "Kurtulmalıyım," diyen 'ben'den (me) geldi. Şimdi ne yapacaksınız? Soruyu anlıyor musunuz?

*

Size söylemiyorum. Size hiçbir şey söylemiyorum. Size en baştan beri bütün tartışmalarımızda, konuşmalarımızda, konuşmacıdan gelecek hiçbir şeyi kabul etmeyin, diyorum. Doğru mu? Ben yetke değilim, sizin gurunuz değilim; sizler benim izleyicilerim değilsiniz. Ben sorunu birlikte sorgulayalım diyorum: İlişkide doğru hareket nedir? Herhangi bir incinme olduğunda ilişkide doğru hareket olmaz. Kim incinir? İmge dedik. İmge 'ben'den (me) farklı mıdır? İmgeyi düşünce yaratır dedik, 'ben'i (me) de yaratan düşüncedir. Çok mu hızlı gidiyorum?

Soran: Neden benim bir imge olduğumu düşünüyoruz?

Krishnamurti: İmge değil misiniz? Bir adınız, bir biçiminiz, psişik yapınız, içeriğiniz yok mu? "Daha iyi olmalıyım, iyi değilim, daha uzun olmalıyım, saçım düzgün değil," dediğinizde, her zaman süregelen girdap, kendinizle ilgili imgeniz bu değil mi? Sizin baktığınız siz kendinizden farklı mı?

*

Şimdi bakın! Siz bana bakıyorsunuz—değil mi?—çünkü ne yazık ki ben kürsüdeyim, siz de bana bakıyorsunuz. Doğru mu? Benimle ilgili bir imgeniz var mı?

S: Evet.

K: O zaman benimle ilgili oluşturduğunuz imgeye bakıyorsunuz, değil mi? O zaman bana bir maske takıp o maskeye bakıyorsunuz. Doğru mu?

S: Bu bir sürü çatışma yaratır.

K: Evet bayım. Öyleyse maskeyi atın, görebilirseniz beni göreceksiniz. Doğru mu? İmge 'ben'se (me) o zaman ne olur?

S: Maskeyi atmak için...

K: Maske bir imgedir. Atın, çok ciddiye almayın. Sorumu anlıyor musunuz? Benim sorumu yanıtlayın: Siz imgeyseniz ne oldu? İncinme hâlâ var mı? 'Ben' (me) ile imge arasında çatışma var mı? Ne olmakta? Daha önce 'ben'in (me) imgeden farklı olduğuna ilişkin bir yanılsama vardı, ama birdenbire o yanılsama gitti, yalnızca olgu kaldı. O kalan nedir?

S: Gerçek siz.

K: Gerçek siz nedir?

S: Bence gerçek yanılsamadır.

K: Gerçek siz nedir? Birdenbire yeni bir sözcük söylediniz—gerçek siz. Bu eski Hinduların oynadığı, sonsuza dek sona erdirilmiş bir oyundur. Ama biz devam ederiz—siz bir Hindu ya da Budist olduğunuz için değil, ama yine de arkada bir şey kaldığı duygusu vardır. Ne kaldığını, ne olduğunu anladığınızda ya da bir anlayış geliştirdiğinizde, gerçekten anladığınızda—anlama yanılsama olmaması demektir—bunların hiçbiri olmadığında, o zaman ne vardır? Dikkatli olun, dikkatli olun! Bir şeyi atlıyorsunuz, yavaş ilerleyin!

S: Bir bütün, tek bir birim vardır.

K: Bir bütün vardır. Bununla ne demek istiyorsunuz? Sağlıklı düşünme var demek mi istiyorsunuz? Doğru mu? Bu, bölünme yok demektir. Doğru mu? Dikkatli olun. Ne söylediğinize dikkat edin, gözlemleyin, öylesine ortaya atmayın, dikkatle izleyin. İki bölüm olan 'ben' (me) ile imge arasında hiçbir bölünme yoktur. Bölünme olmadığına göre sağlıklı düşünme vardır. Sağlıklı düşünmenin olduğu yerde bölünmenin olmadığını söylüyorsunuz. Siz sağlıklı düşünüyorsunuz, dolayısıyla sizin kişi olarak sağlıksız düşünme durumunuz yok. Öyleyse size soruyorum—daha şimdiden *bütün* sözcüğünü kabul etmeyin—size soruyorum: Ne vardır? Anlıyor musunuz? İmgenin adını, biçimini, psişik içeriğini söyledik, bunların hepsi 'ben' (me) ve imgedir. Doğru mu? Bu nedir? Ad, biçim, içerik, bunlar yalnızca sözcük değil midir? Yalnızca anı değil midir? Anımsadığınız, geçmiş deneyimlerinizden bazıları değil midir? Bunların hepsi geçmiş değil midir?

S: Bence bütün bunlardır, çünkü bu bir olgudur.

K: Öyleyse organik, biyolojik varlığınızın dışında siz nesiniz? Bir sürü sözcük, anı mısınız?

S: Öyle gibi görünüyor.

K: "Öyle gibi görünüyor" değil, öyle mi? Öyleyse, hakikat buysa, sözcükler başka sözcükleri nasıl etkileyebilir? İzliyor musunuz? Anlıyor musunuz? O zaman biyolojik boyut dışında her zaman bütünüyle özgürsünüz. Bunu görmüyorsunuz!

S: Fiziksel şeyler beni incitebilir, ama adlar incitmez.

K: Sözcükler incitmez.

S: Hiç 'ben' (I) yoksa.

K: Doğru, 'ben' (I) yok, dolayısıyla hiçbir şey sizi incitemez. Bu, sizin katı yürekli, ilgisiz olacağınız anlamına gelmez, tam tersine çok daha merhametli, inanılmaz şefkatli olabilirsiniz. Doğru mu?

Öyleyse doğru hareket nedir? Sizinle aramızda bir imge varsa, ilişkimizde düzensizlik vardır. Doğru mu? Düzenden söz eden, düzeni isteyen sizdiniz. İmgeler savaştığı için birbirimizle sürekli savaş halindeysek, ilişkimizde nasıl düzen olabilir? Öyleyse ancak hiçbir imge olmadığında düzen olabilir. İlişkimizde imge olmadığında doğru hareket vardır. "Doğru hareket nedir?" diye sormanıza gerek kalmaz, doğru hareket vardır. Anladınız mı?

S: Doğru hareketi yapan nedir?

K: Hayır, doğru hareket vardır, doğru hareketi yapan kimdir diye sorulmaz.

S: Doğru hareketi yapan kimdir?

S: Bizler yalnızca protoplasm torbalarından mı oluşuyoruz?

K: Pek anlamıyorum.

S: Hareketi, doğru hareketi yapan nedir?

K: Anladım. Ne düşünüyorsunuz? Omuzlarınızı silkmeyin. Bunun çok önemli bir sorun olduğunu anlıyorsunuz. Siz benimle birlikte ilerlediyseniz, paylaştıysanız, göreceğiniz gibi çok derinlere indik. Bizler adız, biçimiz, psişik içeriğiz, bütün bunlarız dedik, siz de izliyorsunuz. Anılar, beyin, adımı anımsıyorum, adımı biçimle özdeşleştiriyorum, ad ve biçim psişik içeriğe dönüşüyor, bunlar hepsinin içeriğidir. Bunların hepsi 'ben'dir (me), imgedir. İnsan dikkatle gözlemleyecek olursa, kendi zekasına sahip olan biyolojik yapı, doğa ve etkinlik dışında bunların hepsi nedir? Biz organik zekayı yok ettik. İçerek, tada önem vererek yok ettik: Onu seviyorum, tadı daha güzel, böylece ona alışırım. Biyolojik, içgüdüsel zekayı yavaş yavaş yok ettik.

Psişik açıdan daha derindeki zekayı yok ettiğimizi söylüyoruz. Yavaş yavaş konuya gireyim. Ben sorguluyorum. Söylediklerimi kabul etmeyin. Tamam mı? Biz birlikte sorguluyoruz, paylaşıyoruz. Bütün o psişik içeriğin 'ben' (me) ve imge olduğunu söylüyorum. O içerik, anılar, geçmiş deneyim, bilgi, sözcükler, geçmiş değil midir? Her şeyin düşünceyle bir araya getirildiği, düşüncenin geçmişin yanıtı olduğu anlaşıldığında... Şimdi burada duralım. Düşünce nedir?

S: Sizin de dediğiniz gibi hepsi geçmişten gelir.

K: Düşünce nedir?

S: Zaman içinde bir hareket.

S: Kendini dengelemeye çalışan beynin kendisi.

K: Bir dakika. Size adınızın ne olduğunu soruyorum. Hemen yanıt veriyorsunuz, değil mi? Neden?

S: Bellek yanıt veriyor.

K: Yavaş gidin. Size adınızın ne olduğunu soruyorum, siz de hemen yanıt veriyorsunuz, değil mi? Neden?

S: Buna alışkınız.

K: Alışkın olduğunuzu söylüyorsunuz, adınızı yüz milyonlarca kez yinelediniz. O yüzden anında yanıt veriyorsunuz. Bir dakika, yavaş ilerleyin, yavaş ilerleyin. Size burasıyla Londra arasındaki uzaklığı soruyorum. Ne olur?

S: Söylemesi daha uzun sürer.

K: Daha uzunla ne demek istiyorsunuz?

S: Belli bir süre alır.

K: Biliyorum. Zihninizde ne olup bitiyor?

S: Belleğinizde arıyorsunuz.

K: Yavaş, yavaş. Zihninizde, beyninizde ne oluyor?

S: Ayrıntılı düşünüyor.

K: Düşünüyor, bu ne demektir?

S: Doğru bilgiyi aramak.

K: Evet, düşünce bilgi arıyor. Doğru mu? Bir kitaptan kaç mil olduğunu hatırlamaya çalışıyor ya da birinin size söylemesini bekliyor. Doğru mu? İzliyor musunuz? Burasıyla Londra arasındaki uzaklık nedir diye soruyorum, düşünce hemen etkinleşip, "Duymuştum, unuttum, bir dakika düşüneyim. Bilmiyorum ama öğreneyim, birine sorayım, o kitaba bakayım," diyor. Öyleyse düşünce harekettir, yanıtı kendi belleğinde arar ya da öğrenmek için başka bir yere bakar. Öyleyse düşünce harekettedir. Doğru mu? Bundan emin misiniz?

Şimdi size başka bir şey soruyorum. Size, "Gerçekten bilmiyorum," diyeceğiniz bir soru soruyorum, peki bu ne demektir? Araştırmıyorsunuz, zihin harekette değildir. Sonra düşünce der ki: "Bilmiyorum, size yanıt veremem." Farkı anlayabiliyor musunuz? Tanışıklık ve çabuk yanıt—düşüncenin araştırdığı, baktığı, sorduğu, beklediği zaman aralığı—sonra da siz düşünceye aslında bilmediği, herhangi bir kitaptan yanıtlayamadığı bir soru sorduğunuzda, "Bilmiyorum," der. Düşünce orada durur. Anlıyor musunuz? Farkı anlayın. Çabuk yanıt verirsiniz, çünkü tanışıksınızdır, düşünce işlediği sırada zaman aralığı ve düşünce, "Bilmiyorum," dediğinde kimsenin yanıtlayamadığı bir soru vardır. O zaman düşünce kilitlenir.

Öyleyse düşünme nedir? Hadi, size söyledim.

S: Düşünce belleğin yanıtıdır.

K: Bellek nedir?

S: Simgeler.

K: Simgeler, resimler, bilgiler—doğru mu? Resimler. Düşüncenin belleğin yanıtı olduğunu söyledik. Bellek nedir?

S: Bilgi.

K: Beyinde saklanan bilgi, deneyim. Öyleyse beyin burasıyla Londra arasının kaç mil olduğu deneyimini, bilgisini kayıtlı tutar ve karşılık verir. Doğru mu? Dolayısıyla bir şey öğrendiniz: düşüncenin belleğin yanıtı ya da hareketi olduğunu. Araba kullanmayı öğrendiğimde bu daha önceden saklanmış bilginin yanıtıdır ve arabayı kullanırım. Öyleyse düşünce imgeyi yaratmıştır, düşünce de bir bölüm olduğu için 'ben'i (me) yaratmıştır, ikisini düşünmek farklıdır. Düşünce imgeyi yaratmıştır, düşünce der ki, "İmge çok geçicidir, her zaman değişir, ama kalıcı olan 'ben' (me) vardır." Düşünce her ikisini de yaratmıştır. Doğru mu? Öyleyse düşünce bunu anladığında, başka deyişle ikisini de yarattığını, dolayısıyla her ikisinin de aynı olduğunu anladığında ne olur?

S: Düşünce durur.

K: Düşünce kilitlenir değil mi? "Bir şey yapamam," der. Hayır mı? Öyleyse ne vardır? Anlıyor musunuz? Lütfen, yaşamınızda bu son derece önemli konuyu anlayın. Tanrı aşkına lütfen anlayın. Altında yatan ilkeyi, hakikati, olguyu anlayın. Düşünce imgeyi yaratmıştır, düşünce 'ben'i (me) yaratmıştır, şimdi de "İkisi arasındaki savaşı ben yarattım," der. Doğru mu? Birdenbire düşünce, "Vay canına, ne yaptığımı anlıyorum," der. Sonra ne olur?

S: Bunun hakkında düşünmezsiniz.

K: Kesinlikle imge yoktur. Düşünce durduğunda ne kalır? Yanılsama yoktur, imge yoktur, 'ben' (me) yoktur; dolayısıyla incinme yoktur, bunun sonucunda da zekice olan doğru hareket doğar. Zeka, "Bu doğru hareket," der. Bunu anlıyor musunuz? Zeka bunu *söylemez*, zeka doğru *harekettir.*

S: Zeka için düşünce gerekmez mi?

K: Tam tersine! Size bunu henüz gösterdim. Lütfen dikkatle dinleyin. Dinleyin; kendi sanılarınızı, kendi sonuçlarınızı, anladığınızı değil, yalnızca dinleyin, bulun. Düşüncenin belleğin yanıtı olduğunu söyledik. Doğru mu? Bütün psişik yapıyı, 'ben'i (me), imgeyi, "Ben iyiyim", "Ben kötüyüm", "Ben üstünüm," vb. diyen imgeyi düşünce yaratmıştır. Düşünce 'ben'i (me) yaratmıştır ve "Benim çok daha fazla sürekliliğim var, ölüme direneceğim," vb. der. Öyleyse düşünce her ikisini de yaratmıştır. Siz gelip "Buna dikkatle bakın. Düşünce her ikisini de yarattığına göre her ikisi de aynıdır, 'ben' (I) ve imge arasında ayrım yoktur. Gözlemleyenle gözlemlenen arasında ayrım yoktur. Düşünenle düşünce arasında ayrım yoktur. Deneyimleyenle deneyim arasında ayrım yoktur," dersiniz. Bunların hepsini peş peşe sıraladığım için özür dilerim.

Düşünce birdenbire bunun ne kadar doğru olduğunun farkına varır. Doğrudur, düşünce bunun farkına *varmaz*, o *doğrudur*. Tamam mı? Hakikatin algılanması zekadır, sonra o zeka, "Yaptığım her hareket doğrudur," der. Çünkü imge yoktur, 'ben' (me) yoktur, psişik içerik yoktur, yalnızca zeka çalışır. Anlıyor musunuz?

S: Düşünce durduysa ya da durdurulduysa, düşünceyi kullanmıyorsunuz demektir...

K: ... araba sürmek, dil kullanmak, teknik işlemleri yapmak, vb. dışında. Psişik içerik yoktur. Bunun kendiniz için keşfedilmesinin olağanüstü bir şey olduğunu anlıyorsunuz. Öyleyse çatışmasız bir yaşam, öyleyse olağanüstü şefkatli ve o tür şeylerle dolu bir yaşam sürebilirsiniz.

S: Ben düşüncenin bütün bunları keşfetmek için kullanıldığı izlenimini taşıyorum.

K: Hayır, bizler düşüncenin yarattığı anlamı iletmek için sözcükleri kullanıyoruz. Bakın! Size bir şey tanımlıyorum; tanım düşüncenin hareketidir. Doğru mu? Tanım düşüncenin hareketidir, ama tanım tanımlanan değildir. Tanımlanan düşünce değildir. Ağaç düşünce değildir, ama ben onu tanımladım. Anladınız mı?

Öyleyse geriye kalan imgeden ve 'ben'den (me) bütünüyle özgür olmaktır. Anlıyor musunuz? Hakikatin algılanmasının zekası olan, yalnızca zekanın işlediği bir halde olabilmek için bütün azizlerin, ama ciddi olanlarının ve büyük öğretmenlerin aradığı da budur. Bunu anladınız mı? Bu konuda bir sezgi oluştu mu? Sözlü bir tanım olmadığını anlıyorsunuz, değil mi?

S: Bu nedenle mi ona "kutsallık" diyoruz?

K: *O* kutsaldır. Kutsal olan zekadır, elle ya da zihinle yaratılan şeyler, heykeller, tapınaklar, kiliseler değil. Bunlar kutsal değildir, düşüncenin ürünüdür. Bir tasarım imgesi geliştirmiş bir mimar onu kağıda döküp inşa eder, bunların hepsi düşüncedir. Bu bir gerçekliktir, izleyebiliyor musunuz? Bu binayı oluşturan mimardır, bu bir gerçekliktir, öyledir, bina da oradadır. Oysa 'ben' (I), imge orada değildir.

S: Gerçeklik ile 'ben' (I) arasındaki fark nedir?

K: Organizmaya bakın; siz beden misiniz?

S: Evet.

K: Öyle misiniz? Bununla ne demek istiyorsunuz?

S: İki kol, iki bacak.

K: Evet, Jean-Michel diye bir ad, biçim, baş şekli, göz şekli, burun şekli, boy pos, doğru mu? Bu bir gerçekliktir. Organizma bir gerçeklik olsa da, düşüncenin yarattığı psişik şey gerçeklik değildir. Durun, durun, yavaş ilerleyin. Beden, organizma, biyolojik yapı düşüncenin ürünü değildir. Ağaç düşüncenin ürünü değildir. Doğru mu? Psişik yapıyı yaratan düşüncedir. Bu da bir gerçekliktir. Durun! Ama bir yanılsamadır.

S: Yanılsama bunun düşünce tarafından yaratıldığının farkına varamamanızdan mı kaynaklanır?

K: Kesinlikle. Yanılsama, bütün yanılsamalar düşünce tarafından yaratılmaz mı; kusursuz devlete, kusursuz hükümete, Komünistlerin en kusursuz örgütlenme yetisine sahip olduğuna, vb. inanırım. İnanırım. Bu bir yanılsamadır, ama yaptıkları gerçekliktir. Anladınız mı? Onlara karşı çıkarsam, beni akıl hastanesine gönderirler. Hastane ve hastanedeki ben gerçekliktir, ama bir yanılsamayla ortaya çıkar.

Öyleyse öğreneceğiz. Başka deyişle, düşüncenin yarattığı her şey gerçekliktir. Düşünce, "Ben Napoleon'um," der; bu bir yanılsamadır, ama ben bunun gerçek olduğunu düşünürüm. Anlıyor musunuz? Oysa ağaç yanılsama değildir, bir gerçektir; düşünce tarafından yaratılmamıştır. Öyleyse zeka düşünce tarafından yaratılmaz.

S: Ben de onu söylüyorum. Düşünceniz durursa bu nasıl olabilir?

K: O zaman imgelere dayanmayan ilişki olduğunda zeka çalışır. Doğru mu? O zaman ilişkideki o zeka doğru hareketi getirir. Anladınız mı? Biraz olsun anladınız mı? Tutunun kaplanın kuyruğuna, bırakmayın, çünkü tutunursanız, farklı bir boyuta gireceğinizi anlayacaksınız. Oysa elinizden kaçmasına izin verirseniz, bu, birbiriyle uğraşmanın, çatışmanın ve savaşmanın olduğu rezil bir yaşam sürdürmek olacaktır. Anlıyor musunuz?

Saanen, 20 Temmuz 1976

Bilinç sorunu çok karmaşıktır. Bilincin içeriği, bilincin bütün doğasını ve yapısını oluşturur. İnsan ancak sorun, sürtüşme, çelişki, öfke, kıskançlık, vb. yaşadığında kendi bilincinin farkına varır; ancak o zaman insan kendinin bütünüyle bilincine varır. Yoksa 'ben' (me) bilinci yoktur.

Acı çekme, sürekli yanlış kullanılmış *sevgi* sözcüğü ve o sözcüğün gerçek önemi ve anlamını birlikte tartışmamızın önemli olduğunu düşünüyorum. Bu soruların derinine inmek için insan, ilişki dediğimiz, insan ilişkisi dediğimiz şeyle işe başlamalıdır. Yoksa sevgi pek anlam taşımayan soyut bir kavram olur, bir kitapta basılı ve kilise ya da tapınakta konuşulmuş bir şey olarak kalır, sonra da bütünüyle unutulur.

Bunu çok, çok yalın bir biçimde ifade etmek için, bence ilişkinin toplumun bütün yapısını oluşturduğunu vurgulayarak başlamalıyız. Bu çok karmaşık bir sorundur. Bu sorunun içine girebilmek için de insan çok yakından başlamalıdır; çok yakından, başka bir deyişle, bizim birbirimizle olan ilişkilerimizden. O aşamadan sonra, varsa, doğru ilişkiyi keşfedin; oradan da sevginin doğasının ne olduğu, insanoğlu acı çektikçe sevginin var olup olamayacağı ve özellikle psişik açıdan bu acı çekmenin sonu olup olamayacağı sorusuna geçin. Biz şimdi bu çok karmaşık soruna gireceğiz.

Daha önce söylediğimiz gibi, birbirimizle olan ilişkimizin aslında ne olduğunu öğrenmek için çok yakından başlamalıyız. Bizim bütün ahlaksal, toplumsal ve törel yapımız buna dayanır. Başka bir deyişle, toplum, bizim yarattığımız toplum, şu anda bütünüyle ahlaksız, alçalmış, yıkıcı bir toplumdur. Toplumsal yapıyı değiştireceksek, bu yalnızca dışarıdan değişiklikle olmaz, içeriden de başlamalıdır. İnsan, Komünistlerin ve başka yenilikçilerin girişimlerini gözlemledikçe bunun açığa çıkacağını düşünüyorum; bunlar toplumsal, çevresel yapıyı değiştirmekle, yeniden biçimlendirmekle insanların kökten değişeceğini düşünüyorlar. İnsan, eski zamanlarda Hindistan'da, yakın zamanda da Çin'de yapılan çeşitli deneyleri incelediğinde, temelde çevre değişse bile insanların değişmediğini görecektir. Bence bizim toplumla ilişkimizi anlamak, insan zihnini ve bilincini dönüştürürken yeni bir toplumsal düzenin oluştuğunu anlamak çok önemlidir. Toplumsal düzenin kaçınılmaz olarak değişmesi gerektiği için bizim sorunlarımızdan biri de budur. Bunun kökten dönüşüm geçirmesi gereklidir. Teröristler, devrimciler, idealistler, en azından bazıları çevreyi değiştirerek, bombalar atarak, her türlü fiziksel devrimle, doğayı ve insan bilincinin yapısını bir biçimde dönüştüreceklerini düşünürler. Bizse toplumun kökten değişmesinin ancak insan bilincinde köklü bir dönüşümle olabileceğini düşünüyoruz. Bunu en baştan açığa kavuşturduğumuzu düşünüyorum.

Öyleyse bizim insan olarak toplumla, birbirimizle, insanlığın bütünüyle, başka bir deyişle, evrensel ilişkiyle nasıl bir ilişki kurduğumuzu öğrenmemiz gerekir. Günlük yaşamımızda birbirimizle olan ilişkimiz gerçekte nedir ve neye dayanır? Daha önce de söylediğimiz gibi, sözcük şey değildir; tanım da tanımlanan değildir. Şu anda biz sözlü tanımlama yapıyoruz, ama tanıma yakalanıp kalırsak ve tanımlanana, olguya girmezsek, o zaman yalnızca yüzeyine değmekten öteye gidemeyeceğiz, bu nedenle bütün anlam yitecektir. Öyleyse insan sözcüklere, tanımlara, sonuçlara yakalanmamak için farkında, bilincinde ya da başka hangi sözcükler kullanılacaksa, öyle olmalıdır; günlük yaşamda ilişkimizin aslında ne olduğuna, "olan"dan başka bir şeye dönüştürülüp dönüştürülemeyeceğine bakmalı, onu gözlemlemelidir. Bizim sorumuz budur. "Olan"ı dönüştürmek için insanla ilgilenmeli, "olan"ı bütünüyle gözlemlemeli, "ne olması gerektiği"ni düşlememelidir. Doğru mu?

İlişkimiz neye dayanır? Bilgiye mi? Deneyime mi? Entelektüel, duygusal sonuçların çeşitli biçimlerine mi? Lütfen biz bunu söylerken siz de başkasıyla olan gerçek ilişkinizi gözlemleyin—gerçek, ne olması gerektiğini düşündüğünüz değil, ideal bir ilişki değil, olgulara dayanan, günlük, gündelik ilişki—çünkü biz onunla yaşarız, bunu anlarsak daha ileriye gidebiliriz. Oysa çok derinlerine inmeden, yalnızca düşlemenin ya da düşsel bir ilişki yaşamanın hiçbir anlamı yoktur, çünkü bizler olgularla ilgileniyoruz, hiçbir yere götürmeyecek idealleştirici soyutlamalarla değil. Öyleyse ilişkimiz gerçekte nedir?

İlişki karşılık vermek demektir. Bizim bu sözcüğe yüklediğimiz anlam değil, bir başkasına bütünüyle karşılık vermektir, sorumluluk gibi. Birbirimize hiç bütünüyle karşılık verdiğimiz oluyor mu, yoksa bu karşılık her zaman bölünmüş, eksik bir karşılık mıdır? Eksik, bölünmüş bir karşılıksa, neden böyle? Sorularımı anlıyor musunuz? Birbirimizle iletişim kurabildiğimizi umuyorum, çünkü bu gerçekten çok önemli. Sözünü ettiğimiz başka her şey gibi, insan ilişkisi de açığa çıkarmamız gereken en köklü, temel, gerekli şeylerden biridir, çünkü böylece kendimiz için sevginin ne olduğunu, *gerçekten* ne olduğunu öğrenebiliriz, ondan türettiğimizi değil. Öyleyse ilişkilerimizin altında aslında ne olduğunu, bunların, olanağı varsa, kökten dönüştürülüp dönüştürülemeyeceğini bulmamız hepimiz açısından en önemli konudur.

İlişkimiz belleğe, çeşitli duyumsal, mantıkdışı ya da cinsel karşılıklarla birikmiş belleğe dayanmaz mı? Başka bir deyişle, arzu ve ayrıca düşünce vardır, düşünce de imgeyi yaratır. Doğru mu? Arzu, başka bir deyişle duyum ve bunun yanında düşünce; düşünce de ben ve siz imgesini yaratır. Öyleyse iki imge vardır: ben ve sizden türettiğim. Doğru mu? Lütfen benimle birlikte konuya girin. Bu sizin yaşamınız; Tanrı aşkına bunun üzerinde biraz düşünün, çünkü biz birbirimizi yok ediyoruz; dünyayı, havayı yok ediyoruz—dokunduğumuz her şeyi yok ettik. Bundan da bütünüyle kendimizi sorumlu hissetmediğimizi düşünüyorum. Lütfen ilişkilerimizin aslında ne olduğunu anlamak için dikkatinizi verin, başka bir deyişle ilgilenin, sevgi gösterin.

İlişkilerimiz duyum ve düşüncedir, bu da arzu ve düşüncenin arzuya göre biçimlendirdiği imgedir. Öyleyse benim, kendime ilişkin bir imge, toplumun ve eğitimin oluşturmama yardımcı olduğu çeşitli imgeler, iş imgesi, entelektüel imge, duygusal imge gibi imgelerim vardır. *Benim* bir imgem vardır, *sizinle* olan ilişkim de sizinle ilgili türettiğim başka bir imgedir. Doğru mu? Bu kesin bir olgudur. İmge, resim ya da biçim sizsinizdir, benim sizinle ilişkim de o resim aracılığıyladır. Ben o resme bağlıyımdır. Siz benim karım, arkadaşım, kızım, oğlum ya da her neyimseniz, sizi büründürdüğüm imgeye bağlıyımdır ve o imgeye tutunurum. O imge çeşitli olaylarla birbirimizle olan temasımıza yansır. Sizin kendiniz hakkında bir imgeniz, çeşitli imgeleriniz vardır ve beni bunların arasına başka bir imge olarak eklersiniz. Öyleyse sizin bana ilişkin imgeniz ve benim size ilişkin imgem ilintilidir.

Bu konuya girin, lütfen bu konuya girin. Kendinize bakın. Beş on yıldır evli olabilirsiniz, kız ya da erkek arkadaşınız olabilir, bilinçli ya da bilinçdışı bir biçimde, genelde bilinçdışı bir biçimde, imgeler yavaş yavaş oluşur. Dolayısıyla imge, söylenip durarak, yöneterek, bastırarak, hakaret ederek, sahiplenerek, bağlanarak kök salmıştır—izliyor musunuz? Bütün olanlar bende sizinle ilgili imgeyi oluşturmuştur. Siz de benim için aynısını yaparsınız. Biz buna ilişki deriz, sevgi deriz. "Seni seviyorum," başka deyişle seni büründürdüğüm imgeyi seviyorum. Kulağa oldukça alaycı gelse de, değildir; aslında gerçek budur.

Peki beyin neden böyle imgeler oluşturur? Sorumu anlıyor musunuz? Ben size ilişkin, siz bana ilişkin karşılıklı birer imge oluşturduk. Bu gerçektir, ben de şimdi soruyorum: Beyin bunu neden yapar? Başka bir deyişle düşünce, imge yoluyla sizinle benim aramda neden bu bölünmeyi yaratır? Bu açık mı? Neden?

Daha önce dediğimiz gibi, beyin güvenlik arar. Küçük yaştan başlayarak çocuklar güvenliğe gereksinim duyarlar, korunmalıdırlar. Biz onları korumayız, ama bu başka bir konudur. Biz onlara zarar veririz. Bu da başka bir konudur. Öyleyse beynin tam güvenliğe gereksinimi vardır. Bir yanılsamada, Tanrıda, düş ürünü simgelerde, bütün her şeyde güvenliği bulabilir, dolayısıyla sinir dengesi bozulabilir. Ya da bilgi olarak oluşturduğu imgede güvenlik bulabilir. Bunu izliyor musunuz? Öyleyse beyin bütünüyle güvende olmak için düşünce aracılığıyla bu imgeyi yaratmıştır. Ben karımı *tanıyorum*—izliyor musunuz?—ben onu *tanıyorum*. Olumlu bir önerme. Başka deyişle, onunla ilgili oluşturduğum imge ona bütünüyle sahip olduğum, onun benim olduğu duygusunu yaratır. Ya da tam tersi. İmgeler bütünüyle güvende olma arzusuyla oluşturulur. Etkenlerden biri budur.

Ayrıca, imge sahibi olmak çok uygundur, çünkü o zaman ona bakmanız, canınızı sıkmanız gerekmez. İnsana değil, o imgeye karşı kendinizi bütünüyle sorumlu hissedersiniz. Lütfen kendinizi izleyin! Birbirinizle ilgili imgeler oluşturduğunuz için günlük yaşamınızı yüzeysel olarak, cinsel anlamda yüzeysel olarak yaşarsınız. İnsan işine gidip gelir; insanların bu yüzeysel yaşamını bilirsiniz. İmgelerin böylesine önem kazanmasının nedenlerinden biri budur.

İnsan bu imge oluşturucu sürecin ve imgenin farkına varıp kuşkulanmaya başladığında şu soruyu sorar: İmge oluşturma sona erebilir mi? Sorumu anlıyor musunuz? Bu çok önemlidir. Lütfen kendinize, ilişkinize bakın. Sizin bir imgeniz var, benim de bir imgem var, ilişkimiz buna dayanır.

Bir sonraki soru şudur: Beyin niçin bunun için bir neden bulmaz? Başka bir soru da şudur: İmgesiz yaşanabilir mi? Bu engellenebilirse, o zaman ilişkimiz olağanüstü önem kazanır. Birbirimizi anlıyor muyuz? Şu soruyu sorarız: İmge oluşturmamak olanaklı mıdır? İmgeyi oluşturanın düşünce olduğu açıktır. Doğru mu? Düşünce zamandır, dünden birçok olayı anımsamaktır; bu da zamandır; zamanla günler geçtikçe imge oluşmuştur. Düşünce, arzu, duyum, vb. aracılığıyla imgeyi oluşturmuştur. Şimdi bu devinirliğin, gelenekten gelen devinirliğin sone erip ermeyeceğini soruyoruz.

Bizler geleneğin köleleriyiz. Modern olduğumuzu, özgür olduğumuzu düşünebiliriz, ama temelde çok gelenekseliz, bunu da, imge oluşturmayı kabul edip birbirimizle ilişkimizi bu imgelerin üzerine oturttuğumuzda görebilirsiniz. Bu, dağların oluşumu kadar eskiye dayanır. Bu, geleneklerimizden biridir. Bunu kabul eder, bununla yaşar, birbirimize işkence çektiririz. Peki, bu gelenek sona erdirilebilir mi? Başka bir deyişle, ilişkimizde bir olay olduğunda, bir olay, bunu hiç kaydetmeyebilir miyiz? Anladınız mı? Hayır.

Günlük ilişkinizde öfkeyle, sinirle bir şey söylersiniz, beyin de bunu kaydeder, sizinle ilgili daha önceden oluşturduğu imgeye ekler. Sizin bana, imgeye söylediğiniz ve beni inciten o hakaret, sinir, öfke sona erdirilebilir mi? Sorumu anlıyor musunuz? Bu ancak kayıt sürecini bütünüyle anladığınızda sona erebilir. Beyin her şeyi kaydetmeye başlar. Şu anda söylediğimi de kaydediyor. Bir olay olduğunda da bu kaydedilir. Bu kaydetme durdurulabilir mi diye soruyoruz. Bu soruyu anlıyor musunuz? Size ilişkimizde hakaret ediyorum ve hemen bir hareket olan kaydetme gerçekleşiyor. Bu bitebilir mi? Yoksa sevgimiz duygusal, cinsel, oldukça da yüzeysel olmaktan öteye gidemez. Yalnızca incinmemiş bir zihin sevebilen bir zihindir, değil mi? Bunu anlıyor musunuz? Hadi, lütfen. Beni incitirsiniz, başka bir deyişle benim kendime ilişkin oluşturduğum imgeyi incitirsiniz. Beynimin incinmemesi için bu hakaret hiç kaydedilmese olmaz mı? O zaman var olduğunu hissettiğim, ama ancak şimdi farkına vardığım bir şeyin tam anlamını ve güzelliğini anlayacağım. Öyleyse kaydedilen o incinmeyi durdurmanın olanaklı olup olmadığını öğreneceğim.

Bu, ancak imge *olmadığında* olanaklıdır. Yeterince açık mı? Sizin bana ilişkin, benim size ilişkin imgelerimiz olmadığında, ancak o zaman, ne söylerseniz söyleyin, hiçbir iz bırakmaz. Bu benim soyutlandığım, hiç şefkat taşımadığım anlamına gelmez; yalnızca bütün incinmelerin, hakaretlerin, düşünce hareketlerinin kaydı sona ermiştir. Başka deyişle bu, hakaret anında bütün duyularınızla bütünüyle tetikte olmak demektir. Görüyorsunuz, *beyinlerimiz* incinir. Çeşitli şoklarla, olaylarla beyne olağanüstü zarar verilir. Beyin güvenlik arar, güvenliği de normal olan ve olmayan şeylerde bulur. Bir ulus gibi; ulusun tapınması normal değildir, kabileye özgü bir içgüdüdür, ama ulus güvenliği bunda bulur. Güvende olma arzusunu kendisi yok eder. Anlıyor musunuz? Ailemle güvendeyim. Ailemde de sürekli bir savaş vardır, sizinle benim, çocuklarımla benim aramda sürekli bir çatışma, acı, umutsuzluk, rahatsızlık vardır. Bunun her gün, ama her gün sürdüğünü hepiniz biliyorsunuz. Bu, beyne büyük bir şok etkisi yapar. Şöyle deriz: İmge oluşturucu olduğu sürece incinmeler, kayıtlar olmak zorundadır. Ancak imge oluşturucu olmadığında hiçbir kayıt olmaz. Bu da, incinen imge olan 'ben'in (me) olmamasıdır. Anlıyor musunuz? 'Ben' (me) yoktur. 'Ben' (me), kendimle ilgili olarak, olağanüstü yetenekli ya da başarılı bir insan biçiminde oluşturduğum imgedir, düşüncenin ben olarak derin bilinçli ya da bilinçdışı imgenin çevresinde oluşturduğu kendidir. Bizim ilişkimizde imge oluşturma günlük etkinliklerin öylesine bir parçası haline gelir ki aslında ilişki yoktur. İlişki ancak imge olmadığında vardır. Söylediğimi anlıyor musunuz? Bundan bir şeyler anladınız mı? Sözlü düzeyde değil, *gerçekten*. O zaman hakikat ilişkimize girer.

Sizinle benim aramda hiç imge yoksa, bizim ilişkimiz nedir? Aslında bana ilişkin hiç imgeniz yoksa, sizin benimle ilişkiniz nedir? Sizin imgeniz olmadığında, benim imgem olduğunda, aramızda ne olur? Benim kendime ilişkin bir imgem olduğundan sizinle savaşma halindeyim; sizin imgeniz yok, o halde benimle savaş halinde değilsiniz. Anlıyor musunuz? İlişkimizde bana imge oluşturmanın sona erdiği bir zihin hali kazandırabilir misiniz? Sizin bana karşı sorumluluğunuz budur. Sizin imgeniz olmadığında, benimse size ilişkin bir imgem olduğunda, ilişkimizde sizin sorumluluğunuz benim size ilişkin imge oluşturmamamı sağlamaktır. Bu, sizin sorumluluğunuzdur. O zaman siz sürekli izlerken, tetikteyken, bütünüyle canlıyken, ben bütün yaşamım boyunca yarı uyanık dolaşırım. Öyleyse sizin sorumluluğunuz benim imgemin olmamasını sağlamaktır.

Dolayısıyla iki insanın hiçbir imgesinin olmaması—böyle bir şey olabilirse—en mucizevi şeydir, dünyadaki her türlü mucizeden daha büyük bir şeydir. Böyle bir şey olursa, o zaman iki kişinin birbiriyle bütünüyle farklı bir bağı olur. Bu da hiçbir zaman kavga etmeme—anlıyor musunuz?—hiçbir zaman sahiplenmeme, hiçbir zaman yönetmeme, birbirini sözcüklerle, tehditlerle, üstü kapalı sözlerle hiçbir zaman biçimlendirmeme demektir. O zaman en olağanüstü ilişkiyi yaşayabiliriz. Bunun olabileceğini biliyorum. Bu daha önce yapıldı, bizler yaptık. Bu yalnızca bir sürü sözcük tüketmek değildir.

Hiç imge olmadığında sevgi olduğunu söylüyoruz. Öyleyse sevginin aslında ne olduğunu öğrenmemiz gerekir. Peki yaşamlarımızda sevgi diye adlandırdığımız nedir? Birini sevdiğinizi söylemek ne demektir? Bu cinsel bir sevgi midir, biyolojik bir olay ve bunun anısı mıdır, bunu istemek, aramak mıdır? Sevginin yaşamımızda olağanüstü önemi olduğu açıktır, sevgi her dergide, her filmde, her şeyde şişirilir. Bu cinsel sevgi midir? Kıskançlık varsa bu sevgi midir? Anlıyor musunuz? Ben büroya ya da fabrikaya gittiğimde, sekreterlik ya da başka bir iş yaptığımda, siz de kendi yeteneklerinizi sergilemek istediğiniz için başka bir iş yaptığınızda, o zaman—lütfen dinleyin—sevgi var mıdır? Kadın kendi yeteneklerini sergilemek ister, adam kendi yeteneklerini sergilemek ister, çocuklar kendi yeteneklerini sergilemek isterler, öyleyse biz neredeyiz? Anlıyor musunuz? Bunların hepsine "sevgi", "sorumluluk" denir. Dolayısıyla sevginin ne olduğunu öğrenmek için bölünme olmamalıdır, işimde ve o işin etkilerinde parçalanma olmamalıdır, işimle ailem, karım, kızım arasında bölünme olmamalıdır. Söylediğimi anlıyor musunuz? Bölünme yoktur. Büroya giderim, orada son derece hırslı, açgözlü, kıskanç, başarılı olmayı arzulayan, iten, zorlayan, yarışan biriyimdir, ondan sonra eve gelip "Sevgilim, seni seviyorum," derim. Her şey bayağılaşır. Bu da bizim geleneğimizdir.

Öyleyse soruyoruz: Bütünüyle uyumlu, bütünsel bir yaşam sürülebilmek olanaklı mıdır, böylece büroya gittiğimde hâlâ bir bütünümdür, ailemden farklı değilimdir. Anlıyor musunuz? Bu olanaklı mıdır? Bunun bir fikir, bir ütopya olduğunu söylemeyin. İnsan bunu olanaklı kılabilmeli, bunun üzerinde çalışmalı, öğrenmek için dişini tırnağına takmalıdır, çünkü bizler kendi kendimizi yok ediyoruz.

Sevgi ancak insanın kendinde, yaptığı işle tam bir uyum içinde olduğu zaman ortaya çıkar, böylece iç ile dış arasında çatışma yaşanmaz. Böyle yaşamayı, çelişmeyen, bölünmemiş, uygun ve rahat olmayan, bütün, eksiksiz, uyumlu bir yaşam sürmeyi öğrenmek için, bunu öğrenmek için, insan sıkıntı sorununun üzerine eğilmelidir. Bunların hepsi birbiriyle ilişkilidir, anlıyor musunuz? İlişki, sevgi ve sıkıntı, bunların hepsi birbiriyle ilişkilidir.

İnsan hep sıkıntı denen bu şeyle yaşamıştır. İnsan bu yükü eski zamanlardan beri taşımıştır. Bizler de hâlâ taşıyoruz; çok gelişmişiz, yüksek teknolojiyle donatılmışız, ama içimizde bu keder, bu ağrı, bu yalnızlık, bu soyutlanma duygusu, bu büyük sıkıntının yükü, yalnızca insanın kendi küçük yaşamının değil, insanlığın sıkıntısı var. İnsanlığın sıkıntısı, baylar: Hindistan'da, Asya'da, Arap dünyasında, Musevi dünyasında, Rusya'da insanlar acı çekiyor; insanlar acı çekiyor, insanlar dünyanın her yerinde acı çekiyor. Biz de tek tek acı çekiyoruz. Öyleyse soruyoruz: Bu acı çekme sona erdirilebilir mi? Acı çekmenin sonu yoksa, o zaman şefkat yoktur, sevgi yoktur, ilişki yoktur. Bizim toplumumuzda olan da budur: İlişki yok, sevgi yok, şefkat yok, sıkıntının sonu yok; dolayısıyla yaşamlarımızı iğrenç bir karmaşa içinde sürdürüyoruz. Anlıyor musunuz?

Öyleyse soruyoruz: Sıkıntının sonu var mıdır? Bu soru her insana, ciddi olduğunda, kendi sıkıntısına ve başkasının sıkıntısına baktığında sorulmuş bir sorudur. O da şu soruyu sorar: "Hiç bitebilir mi? Yoksa insanoğlunun kederi sonsuz mudur?" Sizin, dünyayı temsil eden kişinin, bu sıkıntıyı sona erdirip erdiremeyeceğini soyutlama ya da kuram yoluyla değil, gerçekten bulacağız. Bunu bulacağız.

Bu, yaşamdaki her şey gibi çok ciddi ve çok karmaşık bir konudur. Sevginin ne olduğunu öğrenmek için insan her geleneği bir yana atmalı, her türlü duyguyu, çevresine ördüğü her şeyi, bunların hepsini bir kenara koymalıdır. O zaman eksiksiz, bütün, uyumlu bir şeye ulaşmak için insanın çalışması, bakması, gözlemlemesi gerekir.

Biyolojik acı vardır, fiziksel acı vardır, bu acı zihne, beyne kaydedilmiştir. Yarın yineleyebileceği korkusu vardır, bu da sıkıntı getirir. Yalnızlık, derin bir soyutlanma, yaşamda hiçbir şeyle ilişkili olmama duygusu, bütünüyle geri çekilme, zihnin ilişkili hiçbir şeyinin olmaması duygusu vardır. Bu da olağanüstü bir sıkıntıdır. Bunu yaşayıp yaşamadığınızı bilmiyorum. İnsanların çoğu yaşamıştır. Bundan başka ölümün yarattığı sıkıntı vardır. Birini kaybederseniz, siz geride kalmışsınızdır; yalnızlık; sevdiğinizi, önem verdiğinizi, arkadaşlık ettiğinizi düşündüğünüz, belki de bütün ölümsüzlüğünüzü bağladığınız kişinin birdenbire yok olması. Bunun yarattığı sıkıntı da vardır. Din savaşı, ulus savaşı, güvenlik savaşı denilen savaşlarda kendi ulusunuz, kendi güvenliğiniz için milyonlarca, milyonlarca kişiyi öldüren, öldürülen insanların neden olduğu sıkıntı vardır. Bunların hepsini anlıyor musunuz? Vietnam'daki Amerikalılar ya da Beyrut'taki Araplar değil, hepimiz bunlardan sorumluyuz; bunların sorumlusu insanlardır, çünkü birincil istekleri şu olmuştur: Lütfen bana güvenlik sağlayın. Bu güvenlik çok derinlere uzanan milliyet, dini inançlar biçimine girer. Buna tutunursunuz; bu sizin güvenliğinizdir, bunun için öldürmeye ve yok etmeye hazırsınızdır. Bunların hepsi binlerce yılın sıkıntısını getirmiştir. Doğru mu? Bunu açıklıyoruz, lütfen duygusallaşmayın, çünkü yüzleşmemiz ve anlamamız gereken budur.

Öyleyse insanın yaşadığı sıkıntı vardır. Bu sona erebilir mi? Sona ermezse, sürekli bu kedere zincirlenmiş olarak kalırız. Acı çekme bilinçli ya da bilinçsiz olabilir. Öyleyse bilinçsiz, derinde, gizli olana baktığımız kadar, bilinçli olana da bakmalıyız. Bu da bilincin ne olduğu sorusuna geri dönmek demektir.

Batı dünyası, Freud ve başkaları aracılığıyla, bilinci bilinçaltı ve bilinç olarak ikiye ayırmıştır. Bilinçaltı ırksal, mezhepsel, miras kalmış gelenekler, anılar, güdülerdir. Bilinç de son derece gelişmiş, eğitimli, teknik zihindir. Öyleyse bilinçle bilinçaltı arasında bir ayrım vardır. Doğru mu? Bu geleneğinizdir. Hiç öyle olmayabilir de. Bilinci bölen nedir? Düşünce—doğru mu? Düşünce hareketinin derin anlamını anlamazsak, düşüncenin yaptığı her hareket bölücü olmaya zorunludur. Peki insanın bilincinin derin katmanlarında sıkıntı var mıdır? İnsanların binlerce yıldır acı çekmesinin neden olduğu sıkıntı saklanıp, geçmişten günümüze insan zihninin çok derin depolarında taşınmış mıdır? Bilincin içeriğinin bir bölümünü bunun oluşturduğunu söylemiştik. Bu bölüm bütünü oluşturur. Geçmiş bilinçtir. Öyleyse içimizde, bilincimizde insanoğlunun geçmişte çektiği acı kadar, günümüzde de çektiği acıyı taşıyoruz. Bu bitebilir mi? Bunun bitmesinin önemini, gerekliliğini anlıyor musunuz? Bunu kabullenip, "Bu milyonlarca yıldır süregeliyor, ne olmuş, birkaç kişi daha acı çekmiş, çekmemiş, ne önemi var?" demeyin. Bunun olağanüstü önemi var, çünkü bir insan kendini bütünüyle, kökten dönüştürdüğünde, insan bilincinin tamamını etkiler. Anlıyor musunuz? Size göstereyim.

Geçmişten, Hitler'den, Stalin'den, bütün zorbalıklardan, zalimliklerden etkilenen sizin bilinciniz değil mi? Bunların hepsi geçmiştir. Bu bilincin içeriği insan bilincidir. Batı dünyasında, Hıristiyan dünyasında yaşadığınız için etkilenirsiniz. Papazların oluşturduğu o Hıristiyanlık sizin bilincinizin bir bölümüdür.

Öyleyse ister gizli olsun, isterse insan bunun farkında olsun, acı çekme bu bilincin bir bölümüdür. Şimdi çeşitli incinme biçimleriyle insanın çevresinde bir direnç oluşturan bütün bu yalnızlık, umutsuzluk, soyutlanma, geri çekilmenin yoğun yükünün yavaş yavaş ya da yıllar geçtikçe değil, şimdi bitip bitemeyeceğini kendimize soruyoruz. Sorumu anlıyor musunuz? Söylediğimi anlıyor musunuz? "Yavaş yavaş yapacağım. Zaman alabilir ama yapacağım," demeye alışkınız, bunun için eğitilmişiz, okula gitmişiz, bunu alışkanlık haline getirmişiz. Bu da acı çekiyorum, acı çekmeyi yavaş yavaş sona erdireceğim anlamına gelir. Sona erdirme ile başlama arasında alabildiğine büyük bir uçurum vardır. Bu uçurumda da çeşitli olaylar ve kazalar olur, dolayısıyla her zaman erteleme vardır. Bunları izliyor musunuz? Bu nedenle insan bu olasılık geleneğini yıkmalıdır.

İnsan koşullanmasının, bilincinin bir bölümü olan sıkıntının uzak bir mutlu gelecekte değil, *şimdi* bitip bitemeyeceğini soruyoruz. En önemli olan şimdidir—anlıyor musunuz? Öyleyse şimdinin ne olduğunu öğrenin ki bitebilsin. Şimdi geçmişin şu anla buluşmasıdır, şu anla buluşan geçmiş kendini değiştirip geleceğe giderse, o zaman şimdi diye bir şey kalmaz. Başka deyişle, geçmiş, anılarım, endişelerim, umutlarım, anımsamalarım, hazlar, acılar, bütün bunlar şu anda harekettir. Sizinle karşılaşıyorum, şu anın zorluğu vardır, kendini değiştirip geleceğe doğru ilerler. Öyleyse zaman, geçmişten şu an aracılığıyla geleceğe doğru bir harekettir. Bu, bizim alışkın olduğumuz şeydir, geleneğimizin bir parçasıdır. Komünistler, azar azar, yavaş yavaş tez, antitez, sentez derler. Dolayısıyla şu anla buluşan değiştirilmiş geçmiş geleceğe doğru ilerler. Şimdinin, geçmişin şu anla buluştuğu ve hareketi sona erdirdiği zaman olduğunu söylüyoruz. Deneyim olarak, bilgi olarak belleğin bütün yapısını ve o bilginin, deneyimin, belleğin yanıtı olan düşünceyi bildiğinizde, düşüncenin orada bitmesi ve yarına ilerlememesi için düşünce geçmişi şu ana getirdiğinde, şimdi sona erebilir. Bunların hepsini yakalayabiliyor musunuz merak ediyorum. Her zaman bir sonun olabilmesi için bunu anlamanız yaşamınız açısından çok önemlidir.

Dolayısıyla yalnız, soyutlanmış hissetmeniz, birinin ölümünden ya da işinizi kaybetmekten dolayı sıkıntı duymanız—insanların kendileri için yarattıkları farklı üzüntüler—o yalnızlıkla yüzleşmek... Gündelik yaşamın ben-merkezli etkinlikleri buna neden olmuştur. O yalnızlık bizim gündelik, ben-merkezli etkinliklerimizin özü, sentezidir. O yalnızlıkla yüzleşmek ve ona bir gelecek tanımamak. Başka deyişle, bütün duyularınızla, bütün dikkatinizle ona bakıp, onu gözlemlediğinizde geçmişin şu anla buluşup onu sona erdirdiğini, böylece yalnızlığın hiçbir geleceği olmadığını anlayacaksınız; yalnızlık sona ermiştir. Aynı biçimde hepimizin bildiği sıkıntıyı da bitirin; çoğumuz sıkıntıdan çeşitli kaçış yolları türetmişiz—kiliseye giderek, kitap okuyarak, bilirsiniz binbir kaçış yolu. Oysa sıkıntıdan kaçışın onu güçlendirdiği açıktır. Öyleyse ona yeşermesi için biraz zaman tanıyarak kaçışların farkında olunduğunda, o kaçışların farkında olup düşünceyle hiçbir çarpıtma olmaksızın o acı çekişle bütünüyle yüzleşildiğinde, acı çekme sona erer.

Ancak acı çekme sona erdiğinde şefkat ortaya çıkar. Acı çekme sözcüğü şefkatle ilgilidir. Şefkat *her şey* için tutku duymak demektir. Anlıyor musunuz? Her şey için. Bu, hiçbir şeyin öldürülmemesi demektir. Oysa Hıristiyanlar öldürmeye alışkındır. Büyük olasılıkla herkesten daha çok insan öldürmüşlerdir. Öyleyse hiç öldürmemek, sebze gibi öldürmeniz gereken—öldürmeniz *gereken*, anlıyor musunuz—şeylerle yaşamak, ama hayvanları öldürmemek. Böyle bir şefkat duygusu olduğunda, hiçbir şeyi bir sözcükle, bir hareketle, bir fikirle öldürmezsiniz.

Öyleyse şöyle diyoruz: İlişkinin anlaşılmasıyla sevgi ortaya çıkar. Sevginin anlaşılmasıyla da toplumun yapısını değiştiririz, bu da sıkıntının sona ermesidir. Ancak o zaman şefkat vardır. Şefkatin yaşamda en olağanüstü şey olduğunu biliyorsunuz, çünkü şefkatli insanda 'ben' (me) yoktur. Ancak öyle bir şefkat durumu benim ya da sizin değildir.

Saanen, 31 Temmuz 1977

Çok önemli bir şeyden söz ediyoruz, en azından ben öyle düşünüyorum. Soruyoruz: Birbiriyle ilişkide sevgi, erkekle kadın arasındaki sevgi, anneyle bebeği arasındaki sevgi, vatan sevgisi, vb. nedir? Bütünüyle anlama ya da kendinin bilgisi olmadığında sevgi olabilir mi? Ayrıca şu soru da vardır: Kendinin bilgisine sahip ya da kendilerini anlayan insanlar arasındaki ilişki nedir?

*

İnsanlar—erkek, kadın, eş, anne, bebek, vb.—arasındaki ilişki nedir? Çünkü ilişkimiz doğru değilse—*doğru* sözcüğünü gerçek, hakikat anlamında kullanıyorum—o zaman ayırımcı, korkutucu bir toplum ya da totaliter bir dünya yaratırız. Bunu yaratır, kabul ederiz.

İlişkiyi anlamak çok önemlidir. Sözcüğün anlamı ilişkili olmak, gerçekten ilişkili olmak, temas halinde olmak, empati, sempati, birbirini eksik değil, bütünüyle anlayan bir duyarlılık beslemek demektir. İnsanların çoğunun böyle bir ilişkisi olmadığından ilişkileri çatışmaya dayanır. Bu çatışma nasıl ortaya çıkar? Lütfen bu önemli, buna birlikte bakalım, çünkü işin içinde bizim yaşamımız var. Yaşamımızı öylesine tüketmeyelim, çünkü yaşayacak yalnızca bu yaşamımız var. Gelecek yaşam ne olursa olsun, şimdi değişmezsek, farklı bir biçimde devam edeceğiz—o konuya da şimdi girmeyeceğim.

Bu ilişki sorununu anlamak çok önemlidir, çünkü bu sorun kendinin bilgisinin, insanın kendisini bilmesinin bir parçasıdır. Dıştaki ilişkiyi anlayarak içe doğru ilerleyebilirsiniz. Herhangi bir şeyle, doğayla, birbirimizle ilişkimiz var mıdır? Özel, yakın, cinsel ilişkimizde, anneyle bebek, vb. arasındaki ilişkilerde ilişki neye dayanır? Lütfen kendiniz için bunu izleyin. Kocanız, kız arkadaşınız, erkek arkadaşınız var ya da bebeği olan bir annesiniz. Bunların hepsi yaşamımızın bir parçasıdır. Öyleyse izleyin, izleyecekseniz yaşamınızda bir kez olsun ciddi olun.

Bu ilişki neye dayanır? İki kimliğin, birbiriyle derinden ilgilenen iki kişinin, kendi tutkularının, üzüntülerinin, kendi endişelerinin, belirsizliklerinin, karmaşalarının derinliklerinde kaybolmuş bu iki insanın—bir kızla erkek, vb.—karşılaşması mıdır? Ondan sonra cinsiyet sorunu ortaya çıkar, çünkü bu ilişkide her biri kendi içinde ayrıdır, bu da çatışma yaratır. Kesinlikle. Doğru mu? Bununla devam edebilir miyiz?

Öyleyse her birimiz bütünüyle kendimizle ilgilenirsek—ki öyle yapıyoruz—çatışma kaçınılmaz olur. Bunu keşfederken son derece dürüst olmamız gerekir; yoksa bu oyun oynanmaya değmez. Şimdi sorun şudur: Bu ilişki çaba olmadan, insanlar arasındaki bu sürekli sürtüşme olmadan var olabilir mi, hiçbir çatışmanın olmadığı ilişki nedir? Bu çatışma neden vardır? Her biri kendisine odaklandığı için bu çatışma çıkıyor gibi görünür; kendinden dışarıya çıkar, kendinden harekete geçer, kendinden "Seni seviyorum," der, ama merkezde her zaman 'ben' (me), kendi vardır. Bu açık, değil mi? Çok açık bir şeyi betimliyoruz.

Şimdi soru şudur: O merkez anlaşılabilir ve çözülebilir mi? Yoksa ilişkilerden oluşan yaşam kaçınılmaz olarak olaylar ve çatışmalar dizisi olur. Bu açıktır. Öyleyse soruyoruz: Bu merkez anlaşılabilir, izlenebilir mi; bu merkezin doğası, yapısı görülebilir ve bitirilebilir mi, sözel olarak değil, *gerçekten* bitirilebilir mi? Sorumuz budur. Öyleyse insan kendinin doğasını ve yapısını özgürce gözlemlemelidir.

Çeşitli sorular sorulur: "Ben neyim, ben kimim?" En çağdaş psikoloğun garip fikirlerine ve yeni düşünme yöntemleriyle ilgili söylediklerine bakarak, "Vay canına, bunu kabul edeceğim," dersiniz. Bizse hiçbir şeyi kabul etmemenizi söylüyoruz, çünkü o zaman psikoloğun sizin ne olduğunuzu söylemesini kopya etmekten daha öteye gitmiyorsunuz. O zaman insanın kendini gözlemlemesinde hiçbir yetke yoktur. Freud'u, Jung'u, daha birçoğunu atın bir kenara ve başlayın, çünkü o zaman keşfedecekleriniz ikinci el değil, özgün olacaktır. Doğru mu?

Ojai, 21 Nisan 1979

Mükemmel bir mimar çok bilgilidir, birçok ev, katedral, salon, vb. yapmıştır. Mimarın bilgisi edinilmiş bilgidir, okumuştur, üzerinde çalışmıştır, çeşitli evlerden, salonlardan deneyim kazanmıştır. O bilgiyle de evler yapar. Bilginin gerekli olduğu açıktır. Oysa psişik bilgi, "Ben bunu istiyorum, ben bunu deneyimledim, ben buna inanırım, bu benim görüşümdür" bilgisi, insanın deneyimlerinin psişik kalıntısı ve insanın beyinde sakladığı deneyimler—bunlardan düşünce doğar ve o düşünce her zaman sınırlıdır. Bundan doğan her türlü hareket de kaçınılmaz olarak sınırlı olmak ve dolayısıyla uyumlu değil, çelişen, bölücü, çatışan, vb. olmak zorundadır.

Öyleyse psişik olarak düzensizliğin kökünde düşüncenin kendisi yatıyor olabilir. Onun güzelliğini, eğlencesini ve mantığını anlıyor musunuz? Dolayısıyla insan sorar: Düşüncenin ilişkide yeri var mıdır? Anlıyor musunuz? Birbirimizle ilişkimiz; içten ya da yüzeysel, fiziksel, duygusal, entelektüel açıdan temas içinde olsun, düşünceye mi dayanmaktadır? Bu soruyu soruyoruz ve beraberce öğrenmek için aynı zihinle bunu keşfediyoruz. İlişkimiz, düşünceye, başka bir deyişle anımsamaya dayanıyorsa, o zaman ilişkimiz sınırlı olmak zorundadır. Kesinlikle. Öyleyse o sınırlamada karşıt söylemler vardır: ben ve sen, benim görüşüm, benim tutkum, benim cinsel isteklerimi karşılamak yerine karşı çıkıyorsun, vb. Lütfen bu ciddi bir konudur, çünkü sevginin doğasını sorgulayacağız. Bu temel şeyin, başka deyişle, arzunun, düşüncenin, sonra da düzenin anlaşılması gerekir. Sevginin özünde yatan düzendir. Bu konuya gireceğiz.

Düşünce sınırlı olduğu için arzu gibi düzensizlik yaratıyorsa, o zaman düşüncenin ilişkimizdeki yeri nedir; yürürken, konuşurken, araba sürerken, ev yaparken, para kazanırken, sığınacak yer bulurken, giysi alırken değil, ilişkimizde erkek ve kadın arasındaki düşüncenin yeri nedir? Lütfen sorgulayın, konuya benimle birlikte girin, benim size söylememi beklemeyin. İlişkimizde yönetici etken düşünceyse, düşünce sınırlı olduğu için ilişkimiz çok, çok sınırlı, dolayısıyla çelişkili, karşı çıkan, yıkıcı bir ilişki olmaya zorunludur. Öyleyse ilişkimiz düşünceye, anımsamaya mıdayanır? Sevgi hazzın anımsanması mıdır? Dürüst olursanız elbette öyledir. O zaman insan sorar: Sevgi yalnızca anımsama, cinsel anımsama mıdır? Sevgi bir hazzın anımsanması mıdır? Tanrı aşkına buna dikkat edin, bu yaşam sizin yaşamınız. *Sevgi* sözcüğünün bu ülkede kullanılışı öylesine anlamsız ki.

Birlikte soruyoruz, çünkü öğrenmek için aynı zihni kullanıyoruz, çünkü bu, yaşamlarımıza bir düzen getirebilir, o zaman belki olağandışı bir mutluluk duygusuyla yaşayabiliriz. Mutluluk haz değildir; düzendir. Düzenle özgürlük gelir, özgürlükle de sorumluluk gelir. Öyleyse soruyoruz: Sevgi anımsama mıdır, arzu mudur, haz mıdır, bağlılık mıdır? Bağlılığın olduğu yerde anımsama söz konusuysa, endişe, çatışma, kıskançlık, öfke, nefret vardır. Doğru mu? Bunun hepsini de sevgi diye adlandırıyorsunuz. Öyle değil mi?

*

Birlikte soruyoruz: Sevgi yalnızca arzunun yerine getirilmesi midir? Anlıyor musunuz? Arzuyu çok dikkatli olarak açıkladık. Sevgi haz arayışı mıdır? Haz da hepinizin istediği şeydir. O da anımsamaya dayanıyorsa, o zaman çelişki vardır, sınırlıdır, dolayısıyla ilişkimiz de yıkıcıdır; biz de baştan aşağı yıkıcı bir toplum yaratmış oluruz. Görüyorsunuz, sevgi arzu değildir, sevgi haz arayışı değildir, sevgi anımsama değildir diyoruz, sevgi bütünüyle farklı bir şeydir. Şefkat etkenlerinden biri olan o sevgi duygusu yalnızca arzunun bütün hareketini, düşüncenin bütün hareketini anlamaya başladığınızda ortaya çıkar. O anlayış ve duygu derinliğinden sevgi denen bütünüyle farklı bir şey doğar. Bu *bizim* sevgi dediğimiz şey olmayabilir. Bu bütünüyle farklı bir boyuttur.

Brockwood Park, 2 Eylül 1979

İster içten ister uzak olsun, ilişkilerimiz anlaşılmadığında sorun yaşanır. İlişkiyi neden anlamadık ve derinliğini görmedik? Bu sorunu hiçbir zaman çözmediğimiz açıktır. Bunların hepsini biliyorsunuz, değil mi? Neden? Bu, siz sevdiğiniz ama sevilmediğiniz için midir? Bu bir sorun mudur? Kabul edin, bu bir sorundur. Ya da siz sevmiyorsunuzdur, ama karşınızdaki seviyordur. Ya da siz bir başkasıyla ilişkinizde sahiplenici, baskın, bağımlı, ondan bir şey, seks, haz, rahatlık isteyen kişi konumundasınızdır. Biri konuşmacıya geçen gün— "Ondan ayrılırsam, giysilerimi kim yıkayacak?" diye sordu. Anlıyor musunuz? Bunu anlayıp anlamadığınızı merak ediyorum.

Öyleyse böylesine büyük bir sorun haline getirdiğimiz ilişki nedir? İlişki, bir başkasıyla, biriyle, çok kişiyle ya da bütün insanlıkla ilişkili olmak demektir. Ah, bunu anlamıyorsunuz! Bir ilişkide huzur, iki tarafın da birbirini derinlemesine anlamasıyla doğan sevgi neden yoktur? Neden yoktur? İki insan, erkekle kadın arasındaki cinsel ilişkiye sevgi denir. Doğru mu? Tanrı aşkına iki yüzlü olmayalım, bunlarla yüzleşelim! Buna sevgi denir. Sevgi midir? Yoksa duyumsal doyum isteği, arkadaşlık isteği, yalnızlıktan doğan istek, "Yalnız olamam. İçimdeki bu yoğun yalnızlığa dayanamam, öyleyse psişik açıdan güvenebileceğim birisi olmalı," diyen bir istek midir? Postacıya, kapıcıya, başka herkese gereksinimimiz vardır, ama erkekle kadın arasındaki ilişkide psişik açıdan bu olağanüstü bölünmenin nedeni nedir? Sevdiğinizi söylediğiniz kişi, sizinle onun arasındaki bu büyük bölünmenin farkında mıdır? Bu konuya girmemiz gerekiyor mu? Açıkçası gerekiyor.

İki insanın düşüncelerinin, duygularının hiçbir zaman aynı olmadığını fark ettiniz mi? Biri hırslıdır, öbürü değildir; biri saldırgandır, öbürü yumuşak başlıdır. Bu ne demektir? Her biri kendi etkinliklerine odaklanmıştır. Doğru mu? İzliyor musunuz? Kendinizi gözlemleyin. Kendinize odaklanmışsınız, öbürü de kendine odaklanmıştır, dolayısıyla bölünme vardır. Bölünme olan yerde kavgalar olmak zorundadır, düşmanlık olmak zorundadır, uluslar arasında her türlü şey olmalıdır. Bölünme olduğunda kaos vardır. Bu bölünmeye biz "sevgi" diyoruz. Siz bununla yüzleşmiyorsunuz.

Öyleyse zamanın ötesinde bir şeyi sorgularken, yalnızca sevgi olduğunda ortaya çıkabilecek eksiksiz bir ilişki duygusu olmalıdır. Doğru mu? Sevginin haz olmadığı açıktır. Bu sevgiyi ucuzlaştırır. Sevgi arzu değildir; sevgi sizin duyusal isteklerinizin doyurulması değildir. Bütün bunları izliyor musunuz?

Öyleyse sevgisiz ne isterseniz yapın, amuda kalkın, yaşamınızın sonuna kadar bağdaş kurup meditasyon yapın, gösterişli giysiler giyin, ne isterseniz yapın, o nitelik olmaksızın hiçbir şey yoktur. Dolayısıyla insan zamanın ötesinde bir şey bulmak isterse, hiçbir sorunun yaşanmaması için ilişki bütünüyle doğru olmalıdır. Düşünce sonucunda ortaya çıkmayan bu büyük şefkatin, sevginin niteliği de mutlaka var olmalıdır.

O zaman bulmak için ilerleyebiliriz. Ne kadar zor olduğunu görüyorsunuz. Çoğumuz kendimize karşı öylesine hoşgörülü, öylesine önemsiz, dıştan bakıldığında öylesine küçüğüzdür ki. Dolayısıyla zihniniz bütün o ben merkezli tedirgin durumlardan özgür olmalıdır. Bu, sorun yarattığı için, zihin sorun yaşadığında büyük olasılıkla net göremeyecektir. Sürekli gevezelik eden bir zihin, böylesi bir zihin, hiçbir zaman sessiz bir zihin değildir.

Bombay, 25 Ocak 1981

Toplum bir soyutlamadır. Soyutlama bir gerçekliktir. Gerçek olan iki insan arasındaki ilişkidir. İki insan arasındaki ilişki toplum dediğimiz şeyi yaratmıştır. İnsan şiddet yüklüdür, ben merkezlidir; insan haz arar, korkaktır, güvensizdir; kendi içinde bozulmuştur ve böyle bir ilişki de, ister içten olsun ister olmasın, toplum denen şeyi yaratmıştır. Bunun açık olduğu kesindir. Oysa biz, içinde yaşadığı toplumu yaratan insanı değiştirmek yerine, her zaman toplumu değiştirmeye çalışırız. Lütfen bu yalın, açık bir mantıktır. Sosyalistler, komünistler, kapitalistler, vb. toplum denen bu biçimsiz, soyut şeyi değiştirmeye çalışmışlardır. Oysa onlar hiçbir zaman iki insan arasındaki ilişki sorunuyla ilgilenmemişlerdir. Bir başkasıyla olan içten, cinsel, haz arayışı içindeki ilişkiniz bir başkasından ayrı olmanız, dolayısıyla aranızda bir savaş olması fikrine mi dayanır, bütün o psişik yapı dönüştürülebilir mi? Anlıyor musunuz? Bu konuda aynı fikirde miyiz? Yoksa yalnızca sözlü bir yapıyı mı izliyorsunuz?

Konuşmacı yenilikçi, toplumsal yenilikçi biri değildir. Konuşmacı temelde dindar bir insandır. Hiçbir topluluğa, hiçbir gruba bağlı dindar, ama geçimsiz sözde inançlı tiplerden değildir. Hiçbir ülkeye ait değildir; hiçbir inancı, ideolojisi yoktur, yalnızca olan bitenle yüzleşir ve bunun kökten değiştirilip değiştirilemeyeceğini izler. Bu konuya girecek kadar ciddiyseniz, bütün bu din yapılarıyla söz verilen bireysel kurtuluşun hiçbir anlam taşımadığını bilerek birlikte yürüyelim. Konuşmacı kişisel kurtuluş sözü vermiyor. Konuşmacı sıkıntının biteceğini, iki insan arasındaki çatışmanın biteceğini, böylece bundan yeni bir toplumun doğabileceğini söylüyor. Bütün bunlarla ilgileniyor musunuz?

Toplumsal yapıyı ve temelde psişik bir yapı olan 'ben'i (me) kim yaratmıştır? Günümüz dünyasının gerçek durumundan kimin sorumlu olduğunu soruyoruz. Günümüz dünyasını; savaşları, korkutucu zalimliği, ben merkezli davranışı, yarışmalarıyla günümüz toplum yapısını kesinlikle Tanrı yaratmamıştır. Bu toplumu kesinlikle Tanrı yaratmamıştır; sizler, insanlar, kendi imgenizde Tanrıyı yaratmışsınızdır. Korkuyorsunuz, rahatlık istiyorsunuz, güvenlik, istikrar duygusu istiyorsunuz, bu nedenle de taptığınız, Tanrı adını verdiğiniz bir fikir, bir kavram yarattınız. Buradaki ince alayı, saçmalığı anlıyor musunuz? Tanrıyı yaratan insandır.

Bunun kökeninde yatan nedir? Doğanın, evrenin kökeninden, bütün bunların başlangıcından, bunlardan kim sorumludur? Çoğumuz, daha doğrusu çoğunuz, rahatlatıcı bir şeylere inanırsınız. Kaynaktan incecik sızıntılarla doğan bir ırmağın kökeni gibi, çok yavaş başlayıp sonra tepelerden, dağlardan vadiye indikçe güç kazanıp denize büyük bir su kütlesi olarak ulaşan bu ırmağın kökeni nedir? İnsan her zaman kökenini bulmaya çalışmıştır, bugün de teleskoplarla Ay'a ve Satürn'e gitme yoluyla aramayı sürdürmektedir. Batı dünyası bütün bunları sorgular. Yalnızca bazı basılı kitapları kabul etmek yerine, bunu öğrenmek için ciddi bir biçimde yaklaşmanız olağanüstü araştırma ve enerji gerektirir. Bu, olağanüstü etkin bir beyin, hiçbir sorunla bağlanmamış bir beyin gerektirir. Sorunları çözebilecek olan, yalnızca sorunlardan özgür bir beyindir. Bunu öğrenmek için—birey olarak değil—kökenin hakikatini öğrenmek için, insanın meditasyonun doğasını, çatışmanın sona ermesini öğrenmesi gereklidir. Ancak o zaman insan kökenini bulabilir; ancak o zaman bunların çıktığı temel anlaşılabilir.

Psişik yapıyı, 'ben', 'siz', 'biz' ve 'onlar' denen yapıyı kim yaratmıştır? Bundan, bu ıstıraptan, endişeden, insanoğlunun çektiği inanılmaz acıdan kim sorumludur, yalnızca bütün gözyaşları, depresyonu, endişesi ve yalnızlığıyla değil, inanılmaz bir hızla ilerleyen bu olağandışı teknoloji dünyasını kim yaratmıştır? İçten gelen bu duyguyu, içten gelen bu umutsuzluğu, endişeyi, sıkıntıyı kim yaratmıştır? Tanrı diyorsanız, bu oldukça garip bir Tanrı olmalı. Karma'dır*, geçmiş yaşamdır diyorsanız, bu da yine sizin bireysellik fikrine inandığınızı, saplanıp kaldığınızı gösterir—böyle bir şey yoktur. Öyleyse sorgulamaya, kuşkucu bir biçimde araştırmaya, hiçbir yetkeyi, Gita'yı, Upanishad'ları, İncil'i, Kuran'ı ve diğer hiçbir şeyi hiçbir zaman kabul etmiyorsanız, bakabilme özgürlüğüne sahip bir beyniniz var demektir.

Öyleyse soruyoruz: Bu iki durumdan, psişik yapı ve içinde yaşadığınız teknolojik dünyadan—bilgisayar, robot, olağanüstü hızlı iletişim, ameliyat, ilaç—ve içsel durumdan—açgözlülük, kıskançlık, nefret, zalimlik, şiddet—kim sorumludur? Bu ikisi birlikte sürüp gitmektedir? Bunların hepsinden kim sorumludur? Lütfen kendinize sorun.

Elbette düşünce sorumludur. Teknolojik dünyayı düşünce yaratmıştır. Ay'a gitmek için düşünce büyük enerji tüketmiş, düşünce hızlı iletişimi yaratmış, düşünce bilgisayarı ve ro-

---

* *Karma: Budizm ve Hinduizm'de 'yazgı' (ç.n.)*

botu yaratmıştır. Öyleyse teknolojik dünyayı düşünce yaratmıştır. Tabloları, resimleri, şiirleri, konuştuğumuz dili yaratan da düşüncedir. Düşünce—Bombay'da olmasa da—olağanüstü mimariyi, büyük katedralleri, olağanüstü camileri, Hindistan'ın büyük tapınaklarını, heykelleri de yaratmıştır; düşünce bunların hepsini yapmıştır. Düşünce savaşı da yaratmıştır. İnsanları Hindular ve Müslümanlar diye ikiye ayırmıştır. Bunların hepsini izleyebildiğinizi umuyorum. Zehrin ta kendisi olan uyruklara ayrılmayı düşünce yaratmıştır. Kendi inancı, dogması, bir şeyi sonsuza kadar yinelemesiyle bir Müslüman; Gita'yı yinelemesi ve koşullanmasıyla bir Hindu; her ikisi de programlanmıştır. Her ikisi de koşullanmıştır, İslam dünyası belki son bin yıldır, Hindularsa belki üçbin yıldır buna koşullanmışlardır. Öyleyse bizim dışımızdaki dünyayı, teknoloji dünyasını düşünce yaratmıştır, doğa değil. Düşünce, Tanrıya şükürler olsun, ağacı yaratmamıştır. Düşünce o olağanüstü hayvanı, kaplanı, ceylanı, ırmağı, okyanusu, gökleri yaratmamıştır. Ama korkuları, endişeleri, sürekli güvenlik arayışı olan bizim psişik dünyamızı yaratmıştır. Bu bir olgudur. Tapınağı yapan düşüncedir; tapınağın içindekileri oluşturan düşüncedir; ayinleri yaratan düşüncedir; papazların söylediği her şeyi yaratan düşüncedir. Doğru mu? Bu bir olgudur. Bunun kutsal olduğunu söylemek hoşunuza gidebilir, çünkü bu durum kuşaktan kuşağa geçmiştir, ama yine de düşüncenin hareketidir. Düşünce kutsal değildir, düşünce maddesel bir süreçtir. Bizim çektiğimiz sıkıntı da buradan doğar. Düşünce zamanda harekettir.

Bu konuya gireceğim; siz kendiniz göreceksiniz. Düşünce, belleğin sonucu ya da yanıtıdır. Bellek beyinde saklanır; bellek bilgidir, bilgi deneyimdir. Dolayısıyla deneyim, bilgi, bellek, hareket vardır, siz o hareketten bir şeyler öğrenirsiniz, bu da daha sonra daha çok bilgiye dönüşür. Dolayısıyla insan, beyin, bu sürece yakalanmıştır: deneyim, bilgi, bellek, düşünce, hareket. Hepimizin içinde yaşadığı süreç budur. Doğru mu? Bunda mantıkdışı bir şey yoktur. Düşünce teknolojik dünyayı yaratmıştır; düşünce psişik dünyayı da, 'ben' (me) dünyasını da yaratmıştır: benim karım, benim kocam, benim kızım, benim hırsım, benim açgözlülüğüm, benim kıskançlığım, benim yalnızlığım; umutsuzluk, cinsel iştah, bütün bunlar düşünceyle ortaya çıkmıştır. Bu yadsınamaz; yadsınması saçma olur. Sizin yarattığınız guru sizin düşüncenizin sonucudur, dolayısıyla siz düşüncenizin yarattığını izlersiniz. Bütün bunların saçmalığına, toyluğuna, çocukçalığına bakın. Sizin kesinlikle dinleyeceğinizi ama kendi yolunuza gideceğinizi biliyorum, çünkü bu en uygun, mantıkdışı, düşüncesiz yoldur, bu sizi rahatlatıyorsa bu dünyada olup bitenle pek de ilgilenmediğinizi, insanoğlu için hiç sevgi, şefkat beslemediğinizi gösterir. Tek ilgilendiğiniz sizin kendi küçük rahatınızdır. Doğru mu?

Oysa bunun çok derinliklerine inmek isterseniz, düşüncenin oluşturduğu ilişkiyi sorgulamamız gerekir. O ilişki, içinde yaşadığımız toplumu, bütünüyle çelişen toplumu—bazıları inanılmaz kazanırken bazılarının yoksulluk içinde yaşaması, süregelen savaşlar, kıyım, vb.—yaratmıştır. Öyleyse toplumda, iki insan arasındaki ilişkinin soyutlanmasından oluşan o toplumda köklü bir değişiklik yapmak için, bu korkunç dünyayı yaratan başkasıyla olan ilişkinizin değişmesi gerekir. Bunun farkına varılıp varılmadığını, bir fikir olarak kabul etmek yerine hakikatinin, ruhun derinliklerinde hissedilen anlamının kavranıp kavranmadığını merak ediyorum. Dünyada her şey ne kadar tehlikeli olmaya başladı, aşırı nüfus, mezhepsel ve ulusal bölünmeler, dünyada olup biten her şey! Bu sorun hiçbir politikacı, hiçbir bilim adamı, hiçbir bürokrasi tarafından çözülemez; bunu hiçbir guru da çözemez. Ancak bu olağanüstü önemli şeyi anlarsanız, *siz* insan olarak insanlığın bütünüsünüzdür; birey olarak yalnızca kendiniz için yaşadığınızda, bu en yıkıcı şeydir, çünkü bunda da sürekli bir çatışma olmak zorundadır. Psişik açıdan dünyanın, insanoğlunun siz olduğunuzu—kuram ya da fikir olarak değil—gerçekten anladığınızda, o zaman ne olup bittiğini anlarsınız. Bu, size olağanüstü canlılık ve güç verir. Oysa koşullanma—sizin ayrı bir insan olduğunuz yolundaki koşullanma—öylesine güçlüdür ki, binlerce yıldır sürmektedir. Dininiz, kitaplarınız, her şey bunu söyler, bunu kabul edip bununla yaşarsanız, siz de sürekli mutsuz, sürekli çatışma içinde olursunuz.

Öyleyse asıl konuya gelelim: İnsanlar neden hiç değişmez? Bu, önemli bir sorudur. Sizler neden çatışma, sefalet, karmaşa, belirsizlik içinde yaşar, karınızla, kocanızla kavga eder, bunu kabul eder ve bununla yaşarsınız? Neden? Soruyu anlıyor musunuz? Bizler, belli bir düşünce kalıbına, belli bir yaşam kalıbına alışkın olduğumuz için o kalıbı kırabilecek becerimiz yok mu? Bu tembellik midir, bilinmeyenden duyulan korku mudur, "olan"ın dışına çıkmak yerine "olan"ı kabul etmek midir? Yoksa beyinlerimiz eğitimimiz nedeniyle böylesine donuklaşmış mıdır? Hepimizin lisans, master, doktora dereceleri, vb. var; sizi yaşamınızın kalan bölümünde mühendis olarak yaşamaya koşullayıp köprüler, tren yolları yapmaktan başka bir şey düşünmenize engel olan eğitiminiz midir? Eğitimimiz insanlığı yok mu eder?

Lütfen Tanrı aşkına bunu araştırın! İnsanı değiştirecek, bir başkasıyla ilişkinizi değiştirecek olan nedir? Anlıyor musunuz? Temel soru budur. Hepimiz toplumu değiştirmekle, çirkinlikle, zalimlikle, süregelen dehşetle ilgileniriz, ama neden hiçbirimizin değişmediğini, ilişkimiz içinde değişmediğini sormayız.

Öyleyse ilişkimiz nedir? Karınızla, kız kardeşinizle, kızınızla, kocanızla ilişkiniz nedir? İlişkiniz nedir? O ilişki bencil arayışlara, her birinin kendi isteklerine mi dayanır? Bütün bunları anladınız mı? Öyleyse çok dikkatli, ama kuşkucu bir biçimde ilişkinin ne olduğunu sorgulamalıyız. İlişkiyi anlamazsak, toplumda gerekli devrimi hiçbir zaman gerçekleştiremeyiz.

Öyleyse ilişki nedir? Birbirimizle hiç ilişkimiz var mıdır? Karınız ya da kız arkadaşınız olabilir, bugünün düşü de budur. Sizin kocanız olabilir, sizin pek çok bayan arkadaşınız olabilir, ama o ilişkinin temeli nedir? Yalnızca hazza dayanan cinsel bir şey midir, yalnızca rahatlık, uygunluk, toplumsal bağ duygusu mudur? Lütfen bunların hepsini araştırın. O ilişkiye bakmaya cesaret edebilir miyiz? Ona bakmaya korkuyor muyuz? Sorumu anlıyor musunuz? İlişkimize— eş, kız, kız arkadaşla, aile içindeki bütün ilişkiler yapısına— bakmaya korkuyor muyuz? İlişkinin aslında ne olduğunu kendimiz için öğrenmemiz gerekmez mi? Öyleyse sorgulayalım; lütfen konuşmacının dediğini kabul etmeyin. Bu çok saçma olabilir, hiçbir geçerliliği olmayabilir. "Evet, biri böyle dedi," derseniz, bunun yaşamınızda hiçbir önemi yoktur. Oysa hiçbir yönlendirme, hiçbir güdü olmaksızın bunu incelerseniz, ilişki sorununa girerseniz, yalnızca gözlemlerseniz, ne olur? İlk önce gerçekte ne olup bittiğine bakın. Yaşadıklarınız cinsel haz ya da arkadaşlıktan alınan haz mıdır, konuşabileceğiniz, takılabileceğiniz, kavga edebileceğiniz, tapabileceğiniz, hayran olabileceğiniz biriyle olmaktan alınan haz mıdır? Böyle bir ilişkide hiç sevgi var mıdır, yoksa o sözcük, o duygu hiç yok mudur? Başkasıyla olan ilişkinizde de sizin onunla ilgili imgeniz, onun da sizinle ilgili imgesi vardır. Doğru mu? İlişki düşüncenin yarattığı bu iki imge arasındadır. Bütün bunları anlayabiliyor musunuz bilmiyorum. Bir karım ya da kocam olabilir. Yıllardır birlikte yaşıyoruzdur, ben karımla ilgili olarak bir imge, cinsel bir imge, rahatlık, yüreklendirme, güvenebileceğim bir insan, çocuklarımı doğuracak insan imgesi geliştirdim, onun da benimle ilgili imgesi var. Endişelenmeyin, evli değilim. Tanrıya şükür! Gülüyorsunuz, ama bunun altında yatan trajediyi anlamıyorsunuz.

Öyleyse asıl ilişkiniz nedir? Hiç yok. Doğru mu? Bir eviniz, eşiniz, çocuklarınız olabilir. Önümüzdeki elli yıl boyunca sabah dokuz akşam beş ya da altı her gün büroya gideceksiniz, eve geleceksiniz, yatacaksınız, kavga edeceksiniz; para dışında hiçbir şey için zamanınız olmayacak. Güç, mevki, konum arıyorsanız, bu sizin yaşamınızdır—çatışma—ve siz buna ilişki dersiniz. Doğru mu? Aynı fikirde olmayın. Bunun gerçek olduğunu anlayın ve imge oluşturmanın durdurulabilip durdurulamayacağına bakın. Anlıyor musunuz? Çoğumuz kendimiz ve başkalarına ilişkin imgelerle yaşarız. Siyasetçi imgesi, bilim adamı imgesi, guru imgesi, zihnin ve elin yarattığı imgeler; imgelerle yaşarız. İmgeler her şeyden önemli olur, yaşamak değil.

Sorun imgeyi yaratan düzeneğin sona erip ermeyeceğidir. Söylediğimi izleyebiliyor musunuz? Lütfen benimle gelin. Bu yolculuğu birlikte yapıyoruz. Konuşmacı tarafından hipnotize edilmediniz, o yüzden lütfen uykuya dalmayın. Yolu, çok işkenceli, çok karmaşık, bir sürü dönüşlerle, tehlikeli virajlarla dolu bu yolu birlikte keşfediyoruz; tamamıyla farklı olabilecek bir yaşam biçimini de birlikte anlamalıyız; farklı bir toplum yaratmaktan söz ediyoruz, o toplum da ancak siz insan olarak farklı olursanız farklı olabilir. Bu basit bir denklemdir. Peki tek bir imgemiz bile olmadan yaşayabilir miyiz? Bir avukat, bir mühendis, bir aziz, bir guru, bir izleyici olarak kendinize ilişkin bir imgeniz vardır; bir imgeniz vardır. Neden? O imgede güvenlik mi vardır?

Zihnimiz, beynimiz her zaman güvenlik arar, siz de biri gelip bu konuyu kurcalayıncaya kadar bir kavramda, bir inançta güvenlik olduğunu düşünürsünüz.

Kendinize ilişkin oluşturduğunuz imgede güvenlik var mıdır? Yaşayan, hareket eden, canlı bir şeyde güvenlik yoktur, oysa bizler yarattığımız imgenin güvenli olduğunu düşünürüz. Bilginin inanılmaz güven sağladığını düşünürüz. Bir profesörseniz, bir öğretmenseniz, bir guruysanız, kariyer yapan biriyseniz, belli bir bilgi birikimine sahipsinizdir. O bilgi size bir iş, bir beceri sağlar, siz de bunun güven sağladığını düşünürsünüz. Bilginin ne olduğunu, teknolojik bilgi dışındaki bilginin ne olduğunu hiç sorgulamazsınız. Bilgi her zaman eksiktir. Hiçbir şey hakkında *tam* bilgi edinemezsiniz. Bu bir gerçektir. Öyleyse bilgi her zaman cehaletin gölgesindedir. Bunu kabul edin! Bilgi her zaman cehaletin gölgesindedir. Dolayısıyla bilgiden doğan her türlü hareket eksiktir. Öyleyse eksiklik her zaman çatışma yaratır. İlişkinizde bir başkasıyla ilgili bilginiz eksiktir, dolayısıyla o bilgiye dayanan, sizin karşınızdakine ilişkin imgenizi oluşturan her türlü hareket çatışmaya neden olmak zorundadır. Bu açıktır. Bilgiye dayanmayan ilişki var mıdır? Başka deyişle, sizi karım olarak bilirim, sizinle yirmi yıl yaşamışımdır, sizinle ilgili her şeyi bilirim, bu da elbette saçmadır. Oysa benim bilgim, düşüncenin oluşturduğu sizin hakkınızdaki imgedir. Bütün bunları anlıyor musunuz?

İlişkide düşüncenin hareketi olan düzenek, imgeyi, dolayısıyla bölünmeyi yaratır. Bölünme olan yerde de çatışma olmak zorundadır: Hindu ile Müslüman, Hindistan ile Pakistan, Arap ile Musevi, Sosyalist ile Katolik arasında. İlişkide yaşanan çatışma bitirilebilir mi? Çatışmayı kökten bitirme olasılığını benimle birlikte sorgulayın. İnsanlığın, insanlığın geri kalanını oluşturan bir insanoğlunun, başka bir deyişle sizin ilişkinizde neden çatışma yaşadığınızı birlikte sorgulayalım. Bölünmenin olduğu yerde çatışma olmak zorundadır. Doğru mu? Yasa böyledir, sizin de birey değil—son yirmi yıldır yüzüne baktığınız ve sıkıldığınız eşiniz de dahil olmak üzere—insanlığın geri kalanı olduğunuz gerçeğini anlıyorsanız, çatışma bitebilir mi? Başka deyişle, düşünce neden ilişkinin içine girer? Anlıyor musunuz? Düşünce her zaman böler, düşünce her zaman imge yaratır: siz ve başkası. Düşünce neden ilişkinin içine girer? Öyleyse düşünce sevgi midir? Düşünce arzu mudur, düşünce ilişkide haz mıdır?

Biz düşüncenin ilişkiye neden girdiğini sorguluyoruz. Lütfen bu konuya girin, sorgulayın. Düşünce bizleri, Hindu, Müslüman, Komünist, Sosyalist diye bölmez mi? Bütün bunları bilirsiniz. Özellikle ilişkinize düşünce neden girsin? Lütfen bu soruyu yalnızca yüzeysel olarak, yalnızca sözel olarak ya da inceleyeceğiniz soyut bir fikir olarak sormayın, düşünce bir başkasıyla olan ilişkime neden girmek zorundadır? Düşüncenin teknolojik dünya dışında yeri nedir? Sorumu anlıyor musunuz? Teknolojik dünyada bilgisayar yapmak, robot yapmak için düşünceye gereksinim duyarım; bir sandalye yapmak, bir ağaç dikmek için düşünceye gereksinimim vardır. Bir dil öğrenmek için düşünceye gereksinim duyarım. Ama düşünce neden ilişkimize girsin? Lütfen şuna bir bakın! Kendisi hakkında imge oluşturduğu gibi karşısındaki hakkında da bir imge oluşturduğu için mi o imge ilişkinin kendisinden daha çok önem kazanır? Hakikat yerine yanılsamalarla mı yaşamayı seviyoruz? Hakikat bakmak istemeyeceğimiz kadar mı tatsızdır?

Peki siz karınızla, patronunuzla günlük ilişkilerinize bakabiliyor musunuz? O ilişkide ben merkezli bir kimlik olarak siz hepsinden önemli olursunuz, dolayısıyla çatışma olması kaçınılmazdır. Karınıza, kocanıza bakıp da karışma sözcüğüne izin vermemezlik yapabilir misiniz? Sözcüğün kendisi düşüncedir—anlıyor musunuz?—sözcüğün kendisi simgedir. "Karım" dediğinizde ne yaptığınıza bir bakın. Sözcük önem kazanmıştır. O sözcüğün içinde sahiplenmenin, yönetmenin, bağlanmanın bütün yapısı vardır, bağlanma olan yerde de yozlaşma vardır.

Bütün bunları dinliyorsunuz. Böyle dinlemek fikir denen bir soyutlamayı da getiriyor mu, yoksa dinleyerek hakikatini görebiliyor musunuz? Beyninizde olup biten nedir: asıl hakikati görmek mi, yoksa dinleyip ondan fikir boyutunda bir soyutlama yapılması, dolayısıyla olgunun değil, fikrin her şeyden çok önem kazanması mı? Olgunun ne olduğunu gerçekten gözlemleyip—izin verirseniz bunun önemli olduğunu vurgulamak istiyorum—düşüncenin hiçbir hareketi olmaksızın olguyla kalabilir misiniz? Kendime ilişkin bir imge oluşturmuşum, kalabalık bir dinleyici topluluğunun önünde sahnede oturmuşum, ünlüyüm, kitaplar yazmışım, övülmüşüm, hakaret edilmişim; o imge çiğnenebilir, incitilebilir. Biri gelip bana, "Arkadaşım, sen başkasıyla karşılaştırıldığında çok küçüksün," der, ben de incinirim, çünkü imge incinmiştir. Kendime ilişkin bir imgem yoksa—bu da benimle ilgili bir olgudur—hiç kimse onu çiğneyemez. O zaman böyle bir insanla kurulacak ilişki düşünceye dayanmaz, dolayısıyla bütünüyle farklı bir ilişki kurulur. Bu, konuşmacı içindir ve önemli değildir. Önemli olan ilişkiniz içindeki sizsinizdir. Olguyu görüp bahaneler bulmadan, gerekçeler sunmadan, bastırmadan, ondan kaçmadan olguyla kalır mısınız, yoksa bir başkasıyla çatışmayı doğuran bir etken olan imge olduğunuz olgusuyla mı kalırsınız?

Sağlam, hareketsiz kalırsanız, o zaman bastırmayla dağılıp giden o enerji olguyu dağıtır. Bunu deneyin, o zaman bir başkasıyla bütünüyle farklı bir ilişkiniz, dolayısıyla kendi arayışları, bayağı hırsları olan birey kavramının sona erdiği farklı bir toplumunuz olur. Bütünüyle farklı yaşarsınız. Bu da sevgiyle yaşadığınız anlamına gelir. Korkarım bu ülkede ve başka ülkelerde bu sözcük anlamını yitirdi, ama sevginin güzelliği olmadan ilişki korkunç olur.

Yaşamak Üzerine Yorumlar'*dan* İkinci Dizi: *Uygunluk ve Özgürlük*

Tek başına yaşamak büyük zeka gerektirir; tek başına yaşamak ve esnek olmak zordur. Kendini sınırlama mutluluğunun duvarları olmaksızın tek başına yaşamak çok daha fazla tetikte olmayı gerektirir; çünkü tek başına yaşam, miskinliği, rahatlatıcı ve kırılması zor alışkanlıkları destekler. Tek başına yaşam kişiyi soyutlanmaya iter, yalnızca bilge insanlar kendilerine ve başkalarına zarar vermeksizin tek başına yaşayabilir. Bilgelik tek başınalıktır, ama yalnızlık sizi bilgeliğe götürmez. Soyutlanma ölümdür, bilgelik geriye çekilmekle bulunamaz. Bilgeliğe götüren yol yoktur, çünkü bütün yollar ayrıdır, kişiye özgüdür. Her yol da doğası gereği yalnızca soyutlanmaya götürür, bu soyutlanmalara birlik, bütün, bir, vb. dense de. Yol kendine özgü bir süreçtir, araçlar kendine özgüdür, sonuç da araçlar gibidir. Araç hedeften, "olması gereken"den ayrı değildir. Bilgelik insanın bir alan içinde geçip gidenle, uçuşan düşünceyle ilişkisinin anlaşılması sonucu ortaya çıkar. Bulmak için geri çekilmek, kendini soyutlamak keşfetmenin bitirilmesidir. İlişki, soyutlanma olmayan bir tek başınalığa götürür. Tek başınalık olmalıdır, ama kuşatan bir zihnin değil, özgürlüğün tek başınalığı olmalıdır. Eksiksiz olan tek başınadır, eksiklik soyutlanma yolları arar.

Bombay, 24 Ocak 1982

Toplumu değiştirmek isteriz. Komünistler bunu denemiştir, fiziksel, ama her zaman fiziksel devrimler olmuştur, bir sürü kan dökülmüştür. Toplumu değiştirmek isteriz, çünkü toplum bozulmuştur, ahlaksızdır, insanla hiçbir temas duygusu yoktur; birbirimizle olan ilişkilerimiz tamamıyla ve kökten değişmedikçe, toplumu değiştirmemiz olası değildir. Bu çok açıktır. Oysa bizler insan zihninin iç yapısını değiştirmeden dışını değiştirmek isteriz. Ne yaptığımızın farkında olmak için birlikte inceliyoruz, bakıyoruz, duyarlı davranıyoruz. Bu entelektüel ya da duygusal değil, ciddi bir konuşmadır. Çok ciddi bir insan dindar bir insandır. İnsan ilişkisini ciddi olarak değerlendiriyoruz. İnsan ilişkisinde çatışma, acı, sefalet ve sözde haz vardır, bizler bütün bu sorunlara bakıp neredeyse hiç sevgi içermeyen bir ilişkiyi kökten değiştirmenin olanaklı olup olmadığını inceleyeceğiz.

İlişkinin ne olduğunu soruyoruz. Başkasıyla ilişkili olmak ne demektir? Lütfen bu soruyu soran konuşmacı olsa da hep birlikte düşünüyoruz. İnsan ilişkisi bir sorun haline gelmiştir. *Sorun* sözcüğünün anlamı sizin üzerinize bir şey atılması demektir; bu bir zorluktur, üzerinize atılmış bir şey, yüzleşmeniz gereken bir şey, anlamanız gereken bir şeydir. Bir zorluğa doğru biçimde yaklaşılması gerekir. Öyleyse bir soruna nasıl yaklaşılacağını öğrenmemiz gerekir. Bu, herkesin yaşamında bir sorun olan insan ilişkisi sorunudur; ister farkında olun ister olmayın, bu sorun vardır. Bu soruna nasıl yaklaşırsınız? Sorumu anlıyor musunuz? Sorun vardır. Hangi zihinle, hangi güdüyle buna yaklaşırsınız? Sorunla nasıl yakın temas kurarsınız? Sorun, sorunu inceleyen gözlemciden farklı mıdır? Bütün bunları izliyor musunuz? Bu büyük olasılıkla çoğunuza zor gelecektir, çünkü bu konular üzerinde hiç düşünmemişsinizdir, öyleyse lütfen sabırlı olun ve bu konuya girelim.

Diyelim bir sorunum var. Bu soruna nasıl bakarım, nasıl yaklaşırım, benim tepkim nedir? Öyleyse önemli olan sorun değil, soruna nasıl yaklaştığınızdır. Bu açık mı? Sorundan korkuyor muyum? Ondan kaçmak, sorunu bastırmak ya da akla bürümek mi istiyorum? Yoksa kesinlikle bir yanıt bulmam gereken bir güdüm mü var? Dolayısıyla bu soruna bütün karmaşamla, belirsizliğimle, korkumla yaklaşıyorum. Yaklaşımınızın ne olduğunu, buna nasıl geldiğinizi bulmanız gerekiyor. Güdünüz nedir? Güdünüz, sorunun farkındaysanız onu çözmektir. Sorundan alınabilecek en büyük haz alınıyorsa, o sorun değildir. Ama sorun acı verici, kafa karıştırıcı, güvensizlik yaratan bir duruma dönüşürse, o zaman ona bakmanız, araştırmanız gerekir. Öyleyse önemli olan soruna nasıl yaklaştığınızdır.

Onun söylediklerini nasıl dinliyorsunuz? Nasıl algılıyorsunuz? Bunu elbette duyu organınız olan kulağınız aracılığıyla duyarsınız. İngilizceyi anlarsınız, konuşmacı da o dili konuşur, kulağınızla duyduğunuz sözcüğü anlarsınız, ama sözcüğün, sözel yorumun ötesinde de duyma vardır. Konuşmacının anlattığını hemen anlayabilmek üzere dinlemek dinleme sanatıdır. Öyleyse soruyoruz: Soruna nasıl yaklaşırsınız? Yaklaşımınız sorunu zorla kabul ettirecek ya da çözdürecektir, öyleyse sorunlara nasıl yaklaşacağınızı bulun. Bilimsel bir sorunsa çok yalındır; elinizdeki bütün bilgiyle yaklaşıp daha çok bilgi keşfetmeye—madde, atom, vb. hakkında—çalışırsınız. Bir sorununuz varsa, bu soruna bütün geçmiş bilginiz, anımsadıklarınızla mı yaklaşırsınız, yoksa sorunla sanki ilk kez karşılaşmış gibi mi yaklaşırsınız? Sorumu anlıyor musunuz? İzliyor musunuz?

Buna farklı bir açıdan yaklaşalım. Erkekle kadın arasındaki ilişki aslında nedir? Cinsel ilişkinin dışında da ilişki var mıdır? Yoksa herkes ayrı ayrı, kendi yolunda gidip cinsellik dışında hiç buluşmaz mı? İlişkimiz de hiç kesişmeyen iki tren yolu gibidir, değil mi? Öyleyse ilişkimiz yalnızca duyusal bir ilişkidir, cinsel ilişkidir, iki insan arasındaki ilişki de birbirimize ilişkin oluşturduğumuz imgelere dayanır. Bütün bunların farkında mısınız? Başkasıyla olan ilişkiniz aslında nasıldır? Yoksa cinsel ilişki dışında hiç ilişkiniz yok mudur? Birbirinizle hiç ilişkiniz yoksa, korkarım durum böyle, sizin yaşamınız nasıl bir yaşamdır? Yaşam *ilişkidir*. İlişki olmaksızın var olamazsınız. Oysa bizler o ilişkiyi yalnızca duyusal tepkilere indirgemişiz. İnsanların ilişkinin karmaşıklığının farkında olup olmadığını merak ediyorum. Bir münzevi, *sanyasi* ya da keşiş olarak ondan kaçamazsınız; insanlarla ilişki kurmaktan kaçamazsınız.

Öyleyse insanların yalnızca doğayla değil, birbirleriyle de olan ilişkilerini nasıl yitirdiklerini çok yakından incelemeliyiz. Anlıyor musunuz? Neden? Daha önce de söylediğimiz gibi yalnızca nedeni aramak soruna çözüm getirmez. Nedenini bulabilirsiniz, size nedenini göstereceğim, ama nedenin anlaşılması ve incelenmesi sorunu çözmeyecektir. Örneğin, bencil olduğumuzu, tamamıyla ben merkezli olduğumuzu biliyorum, ama bu bizim alışkanlığımızdır, geleneğimizdir, dini terbiyemizdir. "Sen ayrı bir canlısın, kendi kurtuluşunu kendin aramalısın," vb. Eğitim aracılığıyla, baskı aracılığıyla bencil, ben merkezli olma üzerinde durulması çok eski zamanlardan beri vardır. Bütün bu sefaletin nedeni de budur. Bunu entelektüel açıdan anlarız, ama nedenin keşfedilmesi bizleri daha az bencil yapmaz. Önemli olanın, nedeni keşfetmeye götüren çözümleyici süreç değil, sorunla birlikte kalmamız, başka deyişle bencil olmamız olduğunu söyledik. Bu bir olgudur, dolayısıyla birbirimizle hiçbir ilişki yoktur. Herkes kendi yoluna gider. Boşanmalar Avrupa'da ve Amerika'da artıyor; burada Hindistan'da da artmakta, kadınlar kendi yaşamlarını kazanmaya başlayınca erkekleri yüzüstü bıraktılar. Dolayısıyla yavaş yavaş aralarında neredeyse hiç ilişkinin olmadığı bir dünya ortaya çıkar. Bizler duygusuzlaşır, ben merkezli olur, kendi yolumuzu ararız. Başka deyişle, bizim yolumuz bir şey olmak, daha zengin olmak, üst düzey yönetici olmak ya da en yetkili papaz, piskopos, vb. olmaktır. Temelde bencil bir hareket olan bir şey olma savaşı vardır.

İşte şimdi hepsini duydunuz, hepsini biliyorsunuz. Böyle bir ifade duyduğunuzda tepkiniz nedir? Bunu kabul edip "Evet, tam da söylediğiniz gibi," mi dersiniz, geçip gitmesine izin mi verirsiniz? Yoksa bunu duyar, hakikatini görür ve o hakikatle mi kalırsınız, böylece o, *sizin* bir şey yapmanıza gerek kalmadan, bencillik üzerine işler. Söylediğimi anlıyor musunuz?

Bu konuya birlikte girelim. Diyelim ki ben bencilim ve bencil olmamam gerektiğini söylüyorum. Başka deyişle, bencilliğe neden olan düşüncedir. Bencilliği oluşturmuştur. Sonra düşünce, "Bencil olmamalıyım," der, o zaman da olguyla düşüncenin olmasını istediği arasında çatışma doğar. Doğru mu? Hadi, girin bu konuya. Diyelim ki ben şiddet yüklü bir insanım. Bu bir olgudur. Öyledir. Oysa ben şiddet yüklü olmamayı kendim uydururum, bu olgu değildir. Doğru mu?

Ben şiddet yüklü bir insanım; bu konuyla nasıl ilgileneceğimi, ne yapacağımı bilmiyorum. Ya kendimi buna vereceğim ya da anlamaya, konunun içine girmeye çalışacağım. Bu ülkenin hiçbir sonuca ulaşamadan sürekli zorla kabul ettirmeye çalıştığı şiddet yüklü olmama fikrine sahip olmamın yardımcı olacağını düşünüyorum. O zaman "olan"la "olması gereken" arasında çatışma çıkar. "Olan" olgudur, "olması gereken" olgu değildir. Öyleyse olgu olmayanı, ideali, "olması gereken"i bir yana bırakıp yalnızca "olan"la, yani şiddetle ilgilenebilir miyiz? Tamam mı? Bu bir sorundur. İnsanlık sorunu var: Barış istesek de şiddet yüklüyüz. Öyleyse buradaki olgu bizim şiddet yüklü olmamızdır. Bu olguya nasıl yaklaşırsınız? Bu olguya nasıl bakarsınız? Bu olguya baktığınızda niyetiniz nedir? Onu bastırmak, ondan kaçmak ya da onu aşmak istersiniz, bu da aslında sizin olguyla yüzleşmediğiniz anlamına gelir; ondan kaçmaya çalışıyorsunuz demektir. Bütün bunları izleyebiliyor musunuz? Biz, olguyu dönüştürmeden, ondan kaçmaya çalışmadan, onunla kalmanızı söylüyoruz. Ona bakın, onunla olun. Onunla olduğunuzda bütün dikkatinizi ona verin; ama "Onu aşmalıyım," "Ondan kaçmalıyım," "Şiddetten uzak durmanın yollarını aramalıyım," dediğinizde enerjinizi tüketiyorsunuz. Bütün bunları izliyor musunuz? Öyleyse şiddet dediğiniz olguyla kalın diyoruz. Onu anlayın, ona ilişkin her şeyi öğrenin. Ancak izleyerek öğrenebilirsiniz. Öyle değil mi?

Şimdi bir dakika durun, öğrenmeyle ezberleme arasında fark vardır. Hepimiz ezberlemek için eğitilmişiz, ama bu öğrenmeyle aynı şey değildir. Öğrenme, gözlem yapmak ve gözlemlediğiniz şeyin kendi öyküsünü anlatmasına izin vermektir.

Öyleyse soruyoruz: Bizim ilişkimiz nedir? Eşinize ya da kız

arkadaşınıza nasıl yaklaşırsınız? Kocanıza, karınıza baktığınızda tepkiniz nedir? Yoksa bütünüyle kayıtsız mısınız? Ya da "Karıma ve çocuklarıma karşı sorumluluğum var," mı dersiniz? Hepsini izliyor musunuz? İçinizden gelen gerçek yanıt nedir? Siz kendi yolunuza, o da kendi yoluna gittiği için hiçbir zaman karşılaşmaz mısınız, çünkü siz hırslısınızdır, yarışırsınız, daha çok para, daha iyi bir iş, vb. istersiniz, onun da kendi hırsları, kendi idealleri vardır. İki insan paralel koştuğunda hiç ilişki yoktur. Bunu anlıyor musunuz? Elbette! Bakarsanız bu çok yalındır.

Öyleyse yalnızca cinsel hazzın olduğu bir ilişki nedir, haz sevgi midir? Sevginin ne olduğu sorusuna girmeyeceğiz. Bu, çok fazla anlayışın, büyük duyarlılığın yanı sıra doğanın güzellik olarak, biçimin güzelliğinin, yüzün güzelliğinin, gökyüzünün güzelliğinin takdir edilmesini de gerektirir. Doğa böylesine duyarlı bir biçimde takdir edilmeden, sevginin ne olduğunu hiçbir zaman öğrenemezsiniz. Oysa yaşamı, ilişkide yaşamayı cinsel hazza indirgemiş olsanız ve herkes kendi yolunu arasa, o zaman yaşamlarınızda kadınla erkek arasında süregelen inanılmaz çatışma, çekilmez başkaldırı yaşarsınız.

Öyleyse ister içten olsun ister olmasın, birbirimizle olan ilişkilerimizi incelerken insan; iki insanın, kadın ve erkeğin, hiç çatışma olmaksızın birlikte yaşayıp yaşayamayacağını anlamaya, öğrenmeye başlar. Birbirine karşı duyarlı olmak ve o ilişkide hiç çatışma yaşamamak olanaklı mıdır? Çünkü bizim yaşamımız, günlük sürekli yaşamımız her gün çatışmalarla, ölene kadar sonsuz çatışmalarla geçer. Çatışmasız bir anın geçtiği bir yaşam bilmeyiz; ilişkide bu çatışma gerekli midir? Başka deyişle, sizin ona ilişkin bir imgeniz, onun da size ilişkin bir imgesi olduğu sürece çatışma olmak zorundadır. Doğru mu? Alışkanlık, kavga, söylenme, yüreklendirme aracılığıyla siz ona ilişkin bir imge oluşturmuşsunuzdur, o da size ilişkin. Birbirinizi sözcüklerle, övgüyle, hakaretle desteklersiniz, bunların hepsi sizin ona ilişkin, onun da size ilişkin imge oluşturmasına yardımcı olur. Bizim yaptığımız budur. Doğru mu, baylar? Birbirine ilişkin hiç imge oluşturmadan birlikte yaşanabilir mi? Lütfen bununla ilgili bir şeyler öğrenin! Başka deyişle, benim karıma ilişkin bir imgem vardır—Evli değilim ama diyelim ki karıma ilişkin bir imgem var. (Kahkahalar) Evli olmadığımı söylediğimde neden güldünüz? Neden güldünüz? Şanslı bir adam olduğum için mi gülüyorsunuz? Gülmek sizin için olgudan kaçma aracı olduğu için mi gülüyorsunuz? Lütfen çok, çok ciddi şeylerden, yaşamdan, günlük yaşamdan söz ediyoruz. Gülüp geçmeyin. Hiç mutluluğun, hiç sevginin olmadığı bu korkunç varoluşla yüzleşmemiz gerekir.

Konuşmacının insan zihninin dönüşüm geçirmesiyle çok yakından ilgilendiğini anlıyorsunuz. Konuşmacı ilgilidir. Konunun çok büyük bir sorumluluk olduğunu düşündüğü için bu konu hakkında konuşur. Şu anda bütün bencilliğimizle, katı yürekliliğimizle, kayıtsızlığımızla, zalimliğimizle, duyarsızlığımızla yaşarken birbirimizi yok ediyoruz. Bir yandan da soruyoruz: İlişkimizde tek bir çatışma bile olmaksızın yaşanabilir mi? Ben diyorum ki, konuşmacı diyor ki, bu olanaklıdır, kesinlikle olanaklıdır. Konuşmacı evli olmadığı halde birçok insanla, onların evlerinde, arkadaşlarıyla, vb. kimse hakkında imge oluşturmadan yaşamıştır. Bunun ne gerektirdiğini biliyor musunuz? Çok hızlı bir zihin, bilgiyle, anılarla, deneyimlerle tıkanmış değil, çok hızlı, tetikte, uyanık bir zihin. Sokaktayken ya da otobüse, trene, uçağa bindiğinizde ya da sokakta yürürken çevrenizde olup bitenler konusunda tetikte olduğunuzda, izlediğinizde, baktığınızda, çevrenizde olup bitenlere karşı duyarlı olduğunuzda, ilişkinize karşı da çok duyarlı olursunuz. Kesinlikle çatışma yaşanmayan bir yaşam sürmek olanaklı mıdır?

İlk önce soruyu, sorunun güzelliğini anlayın: İdeal olarak, başarmanız gereken bir ideal olarak yaşamak değil, tek bir çatışma olmaksızın bir yaşam sürülüp sürülemeyeceği olgusu. Sorunun kendisinde bile büyük bir güzellik yatar. O soruyu sorarsınız, çünkü duyarlısınızdır, savaşla, boşanmayla, birbirinin bütünüyle göz ardı edilmesiyle, katı yüreklilikle sonuçlanan, insanlar arasındaki bu inanılmaz büyük çatışmanın farkındasınızdır. Oysa kavganın, çatışmanın bir gün sona ereceği bir yaşam sürüp süremeyeceğinizi kendinize sorduğunuzda, bu soruyu kendinize ciddi olarak sorduğunuzda, soru yavaş yavaş çözülmeye başlayacaktır. Sorunun kendisi birçok sorun çıkaracaktır ve sorunlarla yüzleşmeniz gerekecektir. Bu sorunlarla yüzleşirken hiçbir güdü, sorunu anlamak için kesinlikle çaba gösterilmemelidir. Şuna bir bakın.

Hiç müzeye gittiniz mi, en azından bazılarınız? Gitmişsinizdir eminim. Hiç bir tabloya baktınız mı, bir Rembrandt tablosunu modern sanatla karşılaştırmadan, bir tabloyu diğer tablolarla hiç karşılaştırmadan baktınız mı? O zaman resim size kendi öyküsünü, ressamın anlamanızı istediği şeyi anlatacaktır. Oysa o tabloya başka bir tabloyla karşılaştırarak yaklaşırsanız, o zaman ona bakmıyorsunuz demektir.

Aynı biçimde siz de insanoğlunun öyküsüsünüz. Sizde insanoğlunun bütün çabası, acıları, endişesinin artıkları vardır. Bakın! Siz insan olarak yalnız değilsiniz, öteki insanlar gibisiniz: Acı çekersiniz, ağrınız vardır, güvenlik ararsınız, emin değilsinizdir, kafanız karışmıştır, çok acı çekersiniz, Avrupa'daki, Amerika'daki, Rusya'daki ya da Çin'deki adam da aynılarını deneyimler. İnsanoğlunun çektiği acının sürekliliği vardır. İnsanoğlunun geri kalanı sizsiniz. Siz *in-*

sanoğlusunuz. Öyleyse yalnız değilsiniz, kendi bilincinizde ayrı bir şey değilsiniz, insanoğlunun geri kalanı sizsiniz. Siz birey değilsiniz. İnsanlığın bütünüsünüz, çünkü insanlık sonsuz acılar, ölçülemez sıkıntılar çekmiş, arada sırada da olsa neşe ve sevgi alevleriyle parlamıştır. Siz busunuz. Bunu anlamalısınız. İnsanlığın öyküsü sizsiniz. İnsanlığın kitabını, yani kendinizi nasıl okuyacağınızı öğrenmeniz gerekir. Bunların hepsini anlayın! Siz insanlığın öyküsüsünüz ve bu kitabı okumanız gerekir. Bu kitabı ya sayfa sayfa okur, böylece bütün acıların, ağrıların, sevinçlerin, hazzın ya da inanılmaz endişenin ve ıstırabın içeriğini öğrenirsiniz ya da atlarsınız, "Hepsini biliyorum," dersiniz. Ya da daha ilk bölümü okuduğunuzda bile kitabın bütününü anlarsınız.

Kendini bilme, yani kendinin bilgisi ilişkide önemlidir. Kendinizi, ne olduğunuzu bilmezseniz, bütün sorunlarınızı, endişelerinizi, belirsizliklerinizi, güvende olma arzunuzu, bütün bunları anlamazsanız, karınızı ya da kocanızı nasıl anlayacaksınız? Onlar birbirinden ayrı iki kimlik olarak kalacaklardır. Öyleyse ilişki, yalnızca cinsellik olan fiziksel temas değil, birbirine ilişkin hiçbir imge olmamasıdır. Dolayısıyla sevgi içeren anlık duyarlı bir ilişki vardır. Sevgi anımsama değildir. Sevgi düşüncenin bir başkasına ilişkin yarattığı tablo değildir. Bu sevgi değildir. Sevgi haz değildir. Bütün bunları anlayabiliyor musunuz bilmiyorum.

Dolayısıyla ilişkinin doğasını ve yapısını anlamak çok önemlidir. Bu yozlaşmış toplumu değiştirmek için kendinizi kökten değiştirmeniz gerekir. Biz yalnızca bununla ilgileniyoruz: zihnin kendisinde, beynin hücrelerinde başkalaşım gerçekleştirmek. Konuşmacı bu sorunu, bilim adamlarıyla, beyin uzmanlarıyla, zaman içinde bilgi alanı kapsamında işlemeye koşullanmış beynin, o beynin kökten değiştirilip değiştirilemeyeceğini tartışmıştır; insanlığın bütün sorununa sezgiyle yaklaşıldığında kökten bir değişim söz konusu olabilir. Sezgi anımsama değildir. Bu konuya girmeyeceğim, çünkü çok karmaşıktır. Lütfen, birbirimizle ilişki kurmak anlamına gelen konuşmamızın ne hakkında olduğunu anlayın. İki yanı ağaçlarla çevrili, kuşların cıvıldaştığı, sayısız ağacın gölgelediği yolda yürüyen iki arkadaş gibi, beynin, zihnin, yüreklerimizin doğasını araştırıyoruz; farklı zihinlere sahip şefkatli ve farklı insanlar olabilmemiz için tam bir dönüşüm olup olamayacağını sorguluyoruz.

Öyleyse yalnızca şu an için, bütün yaşamınız boyunca biraz olsun ciddi olun. Gerçekten, bütünüyle ciddi olmak dindar olmak demektir; tapınaklara, kilise ayinlerine gitmek, bunların hiçbiri din değildir. Ciddi olmak için ciddi olan bir insan gerçekten dindar bir insandır.

J. KRISHNAMURTİ TOPLU ESERLERİ

ZİHİN ve DÜŞÜNCE ÜZERİNE (Çıktı)

ÖĞRENME ve BİLGİ ÜZERİNE (Çıktı)

DOĞA ve ÇEVRE ÜZERİNE (Çıktı)

İLİŞKİ ÜZERİNE (Çıktı)

TANRI ÜZERİNE

KORKU ÜZERİNE

ÖZGÜRLÜK ÜZERİNE

ÇATIŞMA ÜZERİNE

SEVGİ ve YALNIZLIK ÜZERİNE

YAŞAMAK ve ÖLMEK ÜZERİNE

DOĞRU MESLEK ÜZERİNE

HAKİKAT ÜZERİNE